Portrait du poète en salaud

Nicolas Élias

Portrait du poète en salaud

roman

LES
ARGONAUTES
éditeur

Identité graphique : Lauriane Tiberghien
Photo de couverture : © istock/Perseomed
Portrait de l'auteur : © Tous droits réservés

Pour en savoir davantage sur Les Argonautes Éditeur
et suivre l'actualité de la littérature européenne,
abonnez-vous à la newsletter sur notre site.
www.argonautes-editeur.fr

1

Un grand homme

Moscou, soir du 6 janvier 1963. Il neige dans la pénombre. L'hôtel n'a rien pour lui, si ce n'est le chauffage et l'eau chaude. Dehors, les chiens tremblent de froid. J'ouvre mon bagage, me réchauffe les doigts, pousse le bureau vers la fenêtre, y dépose la machine à écrire. Une Remington de seconde main dont le « e » et le « m » menacent de rendre l'âme. J'écris :

VIE DE NÂZIM HIKMET RAN

C'est un bon titre, un titre solide, clair. Un titre digne d'être publié. Un autre me taraude depuis des mois mais, pour tout dire, je n'ose pas. Ce sera une vie du poète, de Salonique où il est né à Moscou où il réside, d'Istanbul à Paris en passant par Batoum, Tachkent, Varsovie… L'on y croisera Mustafa Kemal, fondateur de la République de Turquie, le corps de Vladimir Lénine, l'ombre portée de Joseph Staline, les applaudissements de Picasso et d'Aragon, les livres de Marx, ceux du très mystique Djalal al-Din Rumi et les romans de Jules Verne, deux révolutions, les geôles turques, la police secrète soviétique, le cinéma stambouliote… Rien que du bien roboratif, une aventure internationaliste propre à susciter la curiosité du plus réfractaire des lecteurs. Ici, maintenant, me vient pourtant un doute : une vie de poète, de gratte-papier, qui cela peut-il intéresser ? S'il a beaucoup vu, lui n'a pas fait plus qu'écrire. Mais il n'est plus temps de douter. Des poètes, de leur vie, on ne pipe d'ailleurs jamais mot – si ce n'est en sortant les violons ou la fanfare, en étouffant toute chance d'entendre leur voix. Quant à moi, je ne prétends pas à une œuvre magistrale, non, plutôt à un opuscule que je compte expédier dans l'année et qui me rapportera de quoi voir venir. De quoi, peut-être, quitter pour un temps l'étouffant quotidien de Paris, partir au loin, à Istanbul ou à Téhéran.

Ce Nâzım Hikmet, qui agite tant le monde littéraire et la presse communiste : bientôt soixante et un ans, une santé minée par la prison, l'exil et la poésie – qui rend, on ne le dit pas assez, les nerfs fragiles ; irritant d'assurance, de prestance, poussant devant lui le mythe du génie ; une vie en feuilleton, des amours en série ; poète prolifique, futuriste, moderniste, chantre du matérialisme dialectique, enfantin malgré tout, lyrique toujours, devenu en une dizaine d'années, au gré de l'actualité, des répressions politiques, du communisme triomphant, un poète mondial. Lui est turc. Connaît-on aujourd'hui un autre poète turc ? Savait-on même les Turcs poètes, ces Turcs à la réputation si exécrable ? Admirables poètes de fait mais, coincés qu'ils sont entre la Grèce et l'Iran à qui l'on prête en la matière avec tant de libéralité, ils ont été relégués au rang de frustes paysans. Et pourtant : Yunus Emre, Pir Sultan, Kaygusuz Abdal… Passons, le tort est réparé. Un bataillon de traducteurs, qui ne connaît pas toujours le turc, s'active à diffuser la poésie de Nâzım Hikmet en toutes les langues, dans un effort qui vire à la petite industrie – une industrie communiste, cela va sans dire. On lit ses poèmes dans toutes les capitales et la moitié des réunions du Parti, jusqu'à Cuba où, dit-on, Che Guevara en personne récite du Nâzım. Seule épine dans son pied : la Turquie. Déclaré traître à la nation et déchu de sa nationalité, il y reste interdit de publication. Plus une ligne ou presque depuis vingt-cinq ans. Aujourd'hui, il voyage avec un passeport soviétique.

Notre poète vient de rentrer de Paris avec sa femme Véra – russe, moitié son âge, svelte et une propension enviable à rire aux éclats. Il a passé le réveillon dans ce cénacle germanopratin de peintres, d'écrivains, de poètes, d'exilés communistes, élégante silhouette sur le boulevard Saint-Germain – chapeau de feutre, pipe, redingote –, naviguant de café en galerie d'art et de lobby d'hôtel en rencontre littéraire. Il a fait sensation, comme à chaque fois. De fait, Paris est acquis à sa cause depuis une bonne décennie. Louis Aragon, poète et communiste, l'y a introduit en grande pompe dès 1936 avec la traduction des *Lettres à Taranta-Babu*, un long poème épistolaire où un Éthiopien échoué à Rome décrit à sa femme les ravages de ce fascisme italien qui bientôt viendra mettre leur pays à feu et à sang. Tout en collages, en narrations imbriquées, en lettres capitales… La parution lui vaut un premier succès d'estime, enthousiaste et distant. Puis, en 1950, deux ans après Gandhi, alors qu'il végète en cellule depuis une bonne décennie, Nâzım entame une grève de la faim qui lui attire la sympathie entière et immédiate du Comité national des écrivains : Aragon bien sûr, Tristan Tzara et puis encore Jean-Paul Sartre, Philippe Soupault et Albert Camus qui, en chœur, chantent les louanges d'un poète turc. Après des décennies, des siècles à être toisée d'un regard dédaigneux par Paris, habituée à être méprisée, à se faire toute petite, reléguée qu'elle est à l'imitation des maîtres français, la littérature turque n'en revient pas. C'est qu'à la suite des guerres, des camps, de la bombe atomique, rien ne paraît plus scandaleux qu'un poète en prison. Il est libéré quelques mois plus tard. Il faudra néanmoins attendre 1958 pour le voir enfin fouler les rues de notre capitale et il fit depuis plusieurs apparitions remarquées ; toujours insaisissable, entouré d'une nuée d'admirateurs béats qui ne l'ont pas lu mais connaissent l'essentiel : il est poète, communiste, et a fait de la prison plus longtemps que n'importe qui. Il est amoureux et sait écrire l'amour comme nul autre. Mais, surtout, c'est un *grand homme*. Ah, les Parisiens et leurs génies, les communistes et leurs grands hommes, l'humanisme radieux, s'ils pouvaient s'étouffer avec, tous autant qu'ils sont. De ce fantasme éculé, la dernière guerre nous a enseigné le prix sans nous en faire passer le goût.

On me poussa littéralement sur lui, rue Jacob, alors qu'il scrutait en bonne compagnie la vitrine d'une librairie. Je lui expliquai confusément mon projet pourtant simple : une biographie. Quand je vis passer dans son regard ce rengorgement de coq, cette infatuation si caractéristique, je sus que l'affaire était pliée. On vanta mes mérites : quelques traductions, un reportage sur Istanbul vendu difficilement, une traînée de poèmes publiés çà et là au fil des ans. Rendez-vous fut pris de se voir à Moscou – « venez, camarade, venez nous voir chez nous, nous y aurons tout le temps ». Au 6, rue 2-ïa Pestchanaïa, appartement 112, c'est noté. Il peut m'accorder un mois entre deux voyages. Ce sera donc un mois en Russie.

– Un mois ?!

Éliane le soir même, enceinte jusqu'au cou, colère contenue. Un mois, ça me semble peu néanmoins pour ce que je compte faire – le presser comme une éponge, faire un sort à ce vernis public et toucher à l'os pour, qui sait, donner chair à cet autre titre qui me turlupine depuis que je parle de ce projet : *Portrait du poète en salaud.*

Éliane :

– C'est un salaud ?

– Non, mais c'est un bon titre. Disons que ce n'est pas un homme bien.

– Les écrivains le sont rarement.

Peut-être, mais lui, plus que d'autres, mérite ce nom : pour un temps staliniste convaincu, convaincu aussi de son propre génie, infidèle chronique qui ne chante que l'amour à contretemps, nombriliste invétéré et merveilleux poète. Il est d'une vanité, d'une inconséquence, d'un narcissisme suffocants – tous ceux qui lui furent un temps proches en feront les frais ; et puis, je le soupçonne, nationaliste avec ça, nationaliste malgré tout. Plus on le flattait, plus on le fêtait avec cette outrance que réclame l'époque, plus on versait dans ce mythe du génie – et alors, vous, pauvre mortel, que pouvez-vous en comprendre ? –, plus germait en moi ce titre, irrité que j'étais par cette absence de doute, cette prestance dominatrice, ce mantra rigide du modernisme et puis cette très innée mise en scène de soi des gens bien nés. Lors de sa dernière visite à Paris, il fit traduire par un camarade d'exil – et dactylographier en plusieurs exemplaires – un poème titré « Autobiographie », pas l'un de ses meilleurs, écrit le 11 septembre 1961 à Berlin-Est (il y a de sa part un évident racolage à égrener ces noms de lieux, mais que faire, j'y suis sensible), un poème irritant de posture où passaient ces vers :

> il y a des hommes qui connaissent toutes les espèces d'herbes, d'autres les poissons
> moi les séparations
> il y a des hommes capables de réciter par cœur le nom des étoiles
> moi celui des afflictions

Au vu de sa vie, la chose est d'une mélancolie et d'une goujaterie sans nom. Quoique, de l'une à l'autre, de la mélancolie à la goujaterie, j'apprendrai qu'il est peut-être moins de stations que je ne l'aurais cru. J'en avais d'ailleurs moins contre lui que contre une certaine vision de la poésie, contre cette irresponsabilité patente, cette apologie du sublime (qui est la forme la plus noble de la politique de l'autruche), contre ces trémolos que l'on se donne pour prononcer le mot « Art ». Et plus encore contre la duplicité du cénacle. Car si Nâzım Hikmet est fêté, il est aussi moqué, quoiqu'en privé. On flatte le grand homme, on jalouse le poète et on ricane avec délectation. La prison – douze ans ! – lui avait attiré la compassion. Les incessantes tournées – Nâzım Hikmet auprès des écoliers tatars, Nâzım Hikmet au congrès pour la Paix, Nâzım Hikmet au Caire… – lui valent une acrimonie bien vive. Ainsi va le monde et fol qui s'y fie. Quant à ses déboires sentimentaux, ils avaient fait abondamment jaser un milieu gourmand de ce genre de détails. Une poignée de fidèles se refuse mordicus à égratigner le grand homme, mais ce sont là des intellectuels communistes, plus disciplinés, ou des lettrés turcs en quête d'un panthéon littéraire en phase avec l'époque. Les Français ont le leur, qui leur convient à merveille, et rechignent à de nouvelles adjonctions. Ils se montrent d'ailleurs tout aussi diserts quant aux mœurs lubriques de Stendhal et d'Apollinaire. De fait, c'est moins les coucheries que le pathétique des poèmes qui nourrissent les sarcasmes. Un ami qui le fréquenta eut cette formule cruelle: «Santé fragile. Excès d'enthousiasme.» Lui n'était ni poète ni communiste.

Nâzım paye sans doute pour d'autres, et c'est probablement plus facile de s'en prendre à ce poète étranger qu'à nos gloires nationales. Tout étranger qu'il soit, il faudra néanmoins mener l'enquête – on ne peut étriper un bonhomme comme ça, sans autre forme de procès. Je m'y étais attelé en dilettante ces derniers mois, auprès de ses compatriotes Abidin et Güzin Dino, qui tiennent salon dans une mansarde du quai Saint-Michel pour tout ce que la capitale compte d'exilés politiques turcs. Il est peintre, elle traductrice. Ces joyeux lurons, collaborateurs occasionnels, fidèles amis des séjours parisiens, connaissent l'homme depuis sa folle jeunesse et ne rechignent pas à égratigner amoureusement le totem Hikmet.

La complexité du poète, j'avais pu la soupeser bien des années auparavant, à Istanbul. J'avais passé trois ans à enseigner le français au très suranné lycée de Galatasaray, à flâner dans les vieilles rues, à m'enivrer d'orientalisme et de cette mélancolie stambouliote qui oxyde tout ce qu'elle touche. Dans l'ancienne capitale ottomane, Nâzım Hikmet tient du héros populaire, quand bien même le communisme n'y fait pas florès et le gouvernement y a interdit ses œuvres. On lui pardonne tout parce qu'il a souffert, parce qu'il a subi la séparation, la prison et ce qui, pour les Turcs, semble infiniment pire : l'exil. Je rencontrai alors Vâlâ Nureddin, dit Vâ-Nû, son inséparable ami de jeunesse devenu auteur sans grand talent de romans policiers à succès, ainsi que Münevver Andaç, la mère de son fils, qui attendait toujours, sous étroite surveillance policière et dans une précarité mortifiante, le retour de l'homme qu'elle aimait. Il n'y a personne, dans toute cette éreintante histoire, pour qui je n'éprouve plus d'empathie que pour Münevver. Le premier me reçut avec bonhomie, me servant de généreuses rasades de grandiloquence convenue pour quelques anecdotes sur leur enfance commune et m'invita à revenir. La seconde m'éconduit dans une débauche de cigarettes et de politesse fatiguée, non sans me confier quelques traductions à l'attention d'une sommité des lettres parisiennes, sommité qu'elle semblait mieux connaître que moi. Si je ne tirai pas grand-chose de ces deux-là (mais qu'allaient-ils s'épancher auprès d'un étranger en quête de sensationnel ?), j'eus au moins l'occasion de soupeser l'ambivalence de ceux qui l'avaient aimé et en avaient payé le prix, l'affection amère qu'ils ne cessaient de lui témoigner. À Istanbul, je récoltai surtout des pelletées de ragots plus ou moins crédibles dont toute la ville bruissait, chaque taxi y allant de son souvenir de troisième ou quatrième main. Après des années de prison et d'exil, Nâzım était devenu un personnage de l'imaginaire stambouliote.

L'éditeur qui m'a accordé sa confiance et quelques billets d'avance flaira le bon coup : le grand homme grille ses dernières cartouches et le trépas d'un écrivain fait les affaires d'un éditeur. Mais, pour ma part, sous couvert de biographie, de la vie trépidante et racoleuse d'un poète mondial, j'ai dans l'idée un récit nerveux, légèrement assassin, qui tordrait le cou aux idéalismes sans humour et aux humanismes béats, aux embêtements bleuâtres du lyrisme poitrinaire, à tout ce baratin imbitable qui encrasse la poésie et la vie de mes contemporains. Les « embêtements bleuâtres du lyrisme poitrinaire », c'est de Gustave Flaubert, et c'est rudement bien tourné. Est-ce pour ces raisons que je fis mon bagage la semaine dernière, sous le regard mauvais de celle que j'aime, ou plutôt pour comprendre pourquoi Nâzım Hikmet aimante irrémédiablement ceux qui croisent sa route, pourquoi, malgré toutes mes réticences, certains de ses poèmes me bouleversent autant ? S'y joue quelque chose de trouble, d'entêtant, quelque chose aussi de ce que j'ai aimé de la Turquie, quelque chose de moins éthéré, de plus charnu que nos surréalistes, existentialistes, dadaïstes, etc.

Et que dire de cette existence toute de poésie, de cette force offerte à la littérature, de cette vie exposée – une vie : vient un temps où l'on se demande ce que peut bien valoir ce genre de chose, une fois l'héroïsme et l'idéalisme de la jeunesse usés jusqu'à la corde. Toujours est-il que je suis là, loin des miens, dans un hôtel sans charme, à me peler le nez en plein hiver, non pas pour déboulonner une statue – briser les idoles, ce fut, en 1929, l'un de ses mots d'ordre à une époque où, flamboyant porte-flingue d'une jeunesse socialiste, il dézinguait à tout-va les gloires littéraires de la génération passée – mais pour raconter un homme, sans trop de cette admiration qui tétanise, embrouille l'esprit et dont l'époque a déjà trop soupé. Alors que j'élaborais ce projet mesquin, je m'étais trouvé en guise d'alibi un court passage d'Octave Mirbeau qui avait, lui, entrepris l'abordage autrement plus périlleux du navire Balzac – en assassinat comme dans d'autres domaines, on n'a jamais trop de parrains :

> *Pour qu'un grand homme entre, par la bonne porte, dans la postérité, il faut le parer de vertus bien décentes et bien basses, et de ces héroïsmes grossiers qui enchantent la foule. Il lui faut, comme au chrétien qui veut entrer dans le Paradis, toutes les comédies sacramentelles de l'Extrême-Onction, et l'absolution, par la crapule, de ses péchés.*
>
> *Or c'est par ses péchés qu'un grand homme nous passionne le plus. C'est par ses faiblesses, ses ridicules, ses hontes, ses crimes et tout ce qu'ils supposent de luttes douloureuses, que Rousseau nous émeut aux larmes, et que nous le vénérons, que nous le chérissons, de tous les respects, de toutes les tendresses qui sont dans l'humanité.*

Alors voilà, je veux le peindre, mon poète, par ce qui, tous, nous passionne le plus : ses faiblesses, ses ridicules, ses hontes, ses crimes et tout ce qu'ils supposent de luttes douloureuses. J'en ferai un homme bien humain, et ma tendresse à moi sera de le sauver de cet étouffant paradis littéraire, de ce bâillon de superlatifs, de cette sanctification par l'outrance à laquelle le vouent ses trop zélés thuriféraires.

Demain, donc, je rends visite au maître, au 6, rue 2-ïa Pestchanaïa, appartement 112. Le turc *hocam* n'a pas le lourd pompeux de son équivalent français, « mon maître », qui sonne si Ancien Régime. Au contraire, on en donne à tour de bras : à son enseignant, aux lettrés, aux diplômés, à l'imam de la mosquée. Et donc au poète. Mais les camarades parisiens le nomment de la sorte et j'ai moi aussi pris le pli. Le maître m'attend demain et j'ai ce soir l'appréhension de qui prépare un mauvais coup. La neige s'est arrêtée. J'erre dans la chambre, défais entièrement mon bagage, range mes chemises, défroisse au mieux ma veste soudain trop grise, relis mes notes et, au pied du mur, saute le pas. J'arrache la feuille dans la machine, la remplace et tape :

PORTRAIT DU POÈTE EN SALAUD

2

Camarade !

– Soyez le bienvenu, camarade, soyez le bienvenu !

Le maître se tient au milieu du salon, bras écartés. L'élégance cossue d'un petit-fils de pacha en exil, visage poupon, briqué par les ans, d'où ne se détache qu'une moustache taillée à merveille. C'est la ravissante Véra qui m'a ouvert la porte, tout sourire, en s'esclaffant dans un russe dont elle sait que je ne comprends un traître mot. Elle baragouine le turc – une enfance parmi les Tatars – mais ne fera jamais l'effort. Pas exactement belle, mais vive, attrayante, le contraire des femmes effacées et prévenantes. On dit le maître fou amoureux et affreusement jaloux, quoique libéral avec les femmes des autres. La toute jeune Véra avait elle-même mari et enfant lorsque Nâzım la désira. Quant à lui, une femme moins jeune mais toute dévouée partageait déjà sa vie, sans compter Münevver, qui, à l'époque, nourrissait encore de maigres espoirs.

Il pose fraternellement sa main sur mon épaule et je suis happé, accueilli comme un ami perdu de vue. Est-ce Paris ? Moi, si emprunté, si gêné par la vie et les conventions, me voilà précipité chez eux, à tailler le bout de gras sans complexe. L'homme est affable, volubile, pas mécontent de sa propre voix, dominateur aussi. Se rappelle-t-il que je ne suis pas journaliste ? Que nous avons convenu de nous voir *tous les jours* pendant un mois ? J'espère bien : j'ai misé toutes mes économies sur cette escapade moscovite. Il s'enquiert de ma famille, d'Éliane dont il a retenu le prénom, de mon séjour à Moscou, de mon hôtel, des aléas du voyage, des amis du cénacle que je ne connais pas et qu'ils viennent de quitter – Aragon, Soupault : le café voire la table d'à côté mais un tout autre monde. On discute poésie et littérature. Il sonde mes convictions politiques : présenté au maître par des amis encartés au Parti, je n'ai pour ma part pas franchi le pas, et de moins en moins l'intention de le faire.

– J'ai donc un mois pour vous convaincre.

Ainsi, il n'a pas oublié notre arrangement. Son français est parfait. Les choses s'annoncent au mieux. Dans la cuisine, le samovar fume. Merveilleuse invention. Simple en principe, quelque chose comme deux théières l'une sur l'autre, en bas l'eau bouillante, en haut le thé infusé, mais avec ce qu'il faut d'ingéniosité pour scander les temps morts, pour se donner de la consistance et l'air affairé, perfusion nécessaire pour affronter l'ennui et les rigoureux hivers des steppes anatoliennes et des plaines russes. Véra sort du four une brioche jaune comme un poussin, dans des effluves de pain chaud et de cannelle.

Après ces politesses, à la deuxième tasse de thé, on m'amène au bureau : une imposante table de bois en laque noire astiquée avec soin, donnant sur la fenêtre où un géranium prend ce qu'il peut de soleil, une radio, une machine à écrire, une étagère de livres à portée de main, un fauteuil et un divan recouvert de ces kilims en grosse laine rêche aux couleurs chamarrées. Des Anatolies portatives. C'est beau comme une photo : le bureau du poète. Je me demande d'ailleurs s'il n'est pas déçu que je n'aie pas d'appareil. Véra l'est, pour sûr, et j'ai un instant peur que, de dépit, elle ne me prive de brioche. Un poème est opportunément posé sur le bureau, à côté de la machine. On surprend mon regard. Véra s'avance – avec cette précipitation qui trahit l'habitude –, Nâzım fait mine de rechigner, minaude, accepte le papier, recule, se lisse la moustache de deux doigts, puis, saisi d'un doute :

– Vous comprenez le turc, n'est-ce pas ?

J'acquiesce et il se lance :

Il était de pierre, de bronze de plâtre de papier de deux centimètres à sept mètres de haut
et nous étions sous ses bottes   de pierre, de bronze de plâtre et de papier sur toutes les places de la ville
dans les parcs au-dessus de nos arbres son ombre était de pierre de bronze de plâtre et de papier
Au restaurant   ses moustaches de pierre de bronze de plâtre et de papier trempaient dans notre soupe
nous étions sous ses yeux   dans   nos chambres sous ses yeux de pierre de bronze de plâtre et de papier

il a disparu un matin
sur les places ses bottes ont disparu
son ombre a disparu au-dessus de   nos arbres
ses moustaches   de notre soupe
ses yeux de nos chambres
et de nos poitrines le poids   de milliers de tonnes de pierre de bronze de plâtre et de papier

En voilà une féroce critique de Staline, du culte de la personnalité, de cette enflure du verbe qui se fait montgolfière, de ces statues qui toisèrent les passants. Je l'avais entendu à Paris, traduit en français. Un plaisantin avait alors exhumé un autre de ses poèmes, écrit dix ans plus tôt en hommage au camarade Staline – qui n'était au demeurant pas moins bon. Entre le premier et le second, Staline avait cassé sa pipe, et l'URSS – ou, plutôt, le camarade Khrouchtchev, assez esseulé en cela – usé de son droit d'inventaire et fait démonter toutes les statues. À Paris, le Petit Père des peuples est désormais une vieille lune. Le nouveau phare des camarades se dénomme Mao Zedong, visage imberbe mais mêmes poses paisiblement triomphales. Il a conquis la Chine, réformé, modernisé et consolidé son pouvoir à coup de « campagne des Cents Fleurs » et de « Grand Bond en avant », le tout payé au prix fort – et, dans ces révolutions, on ne se paye qu'en vies humaines. Plus mystérieux, plus exotique aussi que ce stalinisme éventé dont on a aujourd'hui peine à ignorer le morbide. On chante à présent l'infaillible timonier avec un lyrisme gaillard et entraînant. Lui est aussi poète d'ailleurs : qui d'autre aurait l'idée de nommer « campagne des Cents Fleurs » une sombre manigance politique ? Il a même eu droit à son hommage chez Nâzım, où passe ce vers : « Toi tu es la Chine / moi – l'armée de Mao Zedong », que je trouve, bien malgré moi, d'un perturbant érotisme.

Nâzım Hikmet, farouche opposant au totalitarisme : la ficelle est grosse. N'est-ce pas lui qui a fait le choix de tremper les épaisses moustaches de Staline dans sa propre soupe ?

Fêté qu'il était alors à Paris, n'aurait-il pu y trouver refuge ? Je ne marche pas. Je n'en suis pas moins saisi tout entier par sa lecture, par sa voix. Ces poèmes, je ne les avais vus que sur la page : souvent saccadés, fracassés, tout de ruptures – surtout les premiers, à la mode des futuristes russes. Déclamés, ils se teintent d'une indéniable musicalité malgré le prosaïsme de la langue et, à l'écoute, ce vers libre en semble presque rimé. Y passe toute l'assonance du turc, une langue à la musique ouatée, concave, compacte. Ajoutez à cela une voix pleine, chaude, sûre, de séducteur et d'orateur. Pas étonnant qu'on se l'arrache. Un fieffé cabotin, ce Nâzım. À cet instant, je l'imagine à sept ans, fils chéri de sa mère artiste, enrubanné comme une bonbonnière, déclamant devant les invités venus boire le thé des poésies de son cru ; dans mon imagination, les vieilles dames applaudissent et disent dans un français impeccable : n'est-il pas ad-or-able ?

Satisfait de son effet, le maître s'enfonce dans son fauteuil, me propose le divan, une autre part de brioche et demande, cordial :

– Par où commence-t-on, camarade ?

Par le commencement, bien sûr, camarade. Ce qui n'a rien de facile. Tout professionnel qu'il est, Nâzım trébuche, débute par sa naissance, en 1902, dans le port cosmopolite de Salonique, se reprend, réattaque par ses parents, Hikmet et Celile, s'interrompt pour évoquer cet empire à bout de souffle dont il sera le fossoyeur esthétique. Je le soupçonne de chercher une formule, quelque chose comme le « Ce siècle avait deux ans » de Victor Hugo, ou toute autre sentence ramassée qui sonne comme un destin mais ne s'improvise pas. Ce fut l'unique fois où il donna visiblement l'impression de chercher à faire littérature, et il faut lui pardonner, parce qu'entamer une longue histoire n'est pas chose aisée. Qui plus est quand c'est la vôtre.

Commençons. Il y a donc Hikmet *bey*, père défaillant aux yeux de son fils, qui ne sut retenir ni sa femme ni ses affaires. Sur les photos, l'homme est frêle, arborant une moustache démesurée. C'est le fils d'un pacha – l'un des rares titres de noblesse d'un empire qui n'eut pas d'aristocratie –, d'un pacha poète, mystique, ami des arts et des illustres écrivains de son temps, administrateur réputé et puissant. Hikmet *bey* a moins d'envergure. Seul de toute sa maisonnée, il goûte fort peu la littérature. Haut fonctionnaire déchu, il tâtera de la prison, rejoindra les Affaires étrangères en tant que traducteur, sera un temps affecté au consulat d'Hambourg et finira gestionnaire d'un des premiers cinémas de l'Empire. Comme il fait pâle figure, ce freluquet, face à la gracieuse Celile, pétrie de français, de piano et de peinture à l'huile, merveille de cette haute bourgeoisie européanisée qui se languit de Paris. Cette femme rare, émancipée, courtisée, dotée d'un indéniable talent de peintre et d'un œil pour les nus, tient son fils à bout de bras, qu'elle berce de lettres et de musique, lui inculquant un goût sûr et moderne. Mais c'est aussi une femme blessée de naissance, à l'étroit dans la vie, surtout dans celle-ci, nerveusement fragile, plus à l'aise dans Schubert et Schuman, dans Baudelaire, que dans le quotidien d'une femme ottomane, ou dans le quotidien tout court, ce quotidien qui manque tellement d'éclat et de sublime.

À la naissance de Nâzım, le couple est à Salonique, foyer de la contestation contre un sultan autoritaire et conservateur, là où est né Mustafa Kemal, le futur Atatürk, « Père des Turcs ». Naissance difficile, un bon bébé, bien en chair, et sonore avec ça, qui reçoit toute l'attention fébrile du premier né. On lui donne le prénom de son grand-père, Nâzım, et de son père, Hikmet. Parce que Hikmet n'est pas son nom de famille. De nom de famille, il n'y en aura pas avant 1934. À son retour à Istanbul, le père – qu'on soupçonne de sympathie libérale – est arrêté et limogé. La petite famille prend la route d'Alep, où réside alors le grand-père. Il faudra écrire cela : son enfance se dévide dans des villes qui bientôt tomberont sous la coupe de l'ennemi.

De Salonique : aucun souvenir. D'Alep : des impressions, surtout celle de la mort de son petit frère, lue des mois durant sur le visage de ses parents. D'une enfance sur les genoux de ce grand-père dont il hérita le prénom, il garde par contre un souvenir vivace, ce grand-père soufi, sectateur de ces derviches tourneurs qui firent si forte impression sur Gautier et Flaubert. Le vieil homme lui lit les poésies de Djalal al-Din Rumi, l'amène à ses assemblées mystiques : « Je n'y comprenais fichtre rien, mais je peux vous assurer que je tournais plus vite que tout le monde. » Le petit Nâzım mijotera quelques années dans ce chaudron, dans ce monde riche et en fin de course qui charriait des siècles de viatiques spirituels. Il restera redevable à cet admirable Rumi, dont l'*opus magnum* – le *Mathnawî* – s'ouvre sur la complainte du roseau arraché à son milieu naturel qui, devenu flûte, chante la douleur de la séparation. C'est là une métaphore de l'homme aspirant à l'union avec Dieu, matrice du soufisme ottoman, mais gageons que ces quelques vers continueront longtemps à tinter aux oreilles d'un Nâzım perclus de prison et d'exil.

À Alep, les affaires de Hikmet père – une plantation de bouleaux – virent au désastre. On rentre à la capitale, où l'on s'installe dans le quartier résidentiel de Kadıköy, l'ancienne Chalcédoine, sur la rive asiatique de la ville, qui sera longtemps *son* Istanbul. Dans une villa, comme il se doit pour une famille de pacha, d'autant que l'on doit bientôt faire de la place pour sa petite sœur, Samiye. La guerre mondiale n'a pas encore débuté qu'Istanbul croule déjà sous les mutilés et les réfugiés, sous cette misère humaine qui, dans des hivers blancs de neige, cogne aux portes et s'accroche à vos manches. Papa, papa, pourquoi ces gens dorment dans la rue ? Parce qu'ils n'ont pas de travail, mon enfant. Alors c'est bien fait pour eux ! 1911-1913 : l'Italie arrache la Lybie, alors province ottomane. 1912-1913 : les États chrétiens des Balkans se servent, dépouillant l'Empire de ses derniers territoires européens. Et n'a-t-on pas raccroché les fusils, fait un gosse à sa femme le temps d'une permission (pourvu que ce soit un garçon !), que s'abat une guerre-monde. 1914 : les Russes envahissent à l'Est, les Anglais à l'Ouest. On se battra presque sans discontinuer jusqu'en 1921 et, dans ces guerres perpétuelles aux quatre coins d'un empire en déconfiture, se fourbit une génération d'officiers remontés comme des horloges par les défaites, qui acquièrent des airs de père Fouettard et des manières de gangster. Bientôt, ils s'octroieront le pouvoir par la force et ne le quitteront plus.

Le couple est mal assorti. Le médiocre Hikmet passe sa frustration sur cette femme trop belle pour lui et fréquente assidûment les demi-mondaines moins intimidantes qui se contentent sans peine de sa modeste paye. Ce confort bourgeois, ce moelleux salonard tourne à la Sibérie. Disputes. Tromperies. Le petit garçon qui rêve d'être postier s'enfonce dans Jules Verne. Me sachant français, Nâzım me récite tous les titres du romancier traduits à l'époque en turc ottoman : *Les Tribulations d'un Chinois en Chine*, *Vingt mille lieues sous les mers*, *Michel Strogoff*... L'évocation de ces noms ici incongrus me renvoie à ma propre enfance – les dimanches en hiver (pourquoi l'hiver ? Ça doit être ce temps qui me tape sur les nerfs), la petite bibliothèque de mon frère, où le capitaine Némo navigue entre *La Guerre du feu* et *Le Mystère de la chambre jaune*. Celle de mon frère, puisque je ne les lisais pas, mais lui me racontait les aventures de Michel Strogoff et les pérégrinations de Phileas Fogg, à mi-voix pour ne pas réveiller les parents, dans ces moments gagnés sur le sommeil que les enfants braconnent. De Verne, Nâzım gardera une vive exaltation pour l'étoffe de ce monde, et il truffera jusqu'à la fin ses poèmes de références à un exotisme mondialisé – quand il n'en fera pas le ressort principal.

On envoie le petit Nâzım à la prestigieuse école de Galatasaray, là où avait étudié son père, là où se pressait l'élite de la ville et là même où j'avais enseigné trois ans durant la littérature aux rejetons des bonnes familles locales. Dans les dortoirs mal chauffés où n'est alors autorisé que l'usage du français, il rencontre Vâ-Nû, garçon myope et chétif que la poésie démange, mais peureux des mots et plus sûrement promis à un avenir de banquier. Les deux enfants se lient d'une amitié indéfectible, qui se poursuit même quand la famille de Nâzım ne peut plus payer les exorbitants frais de scolarité et l'expédie dans une école moins prisée (mais malgré tout privée). Une humiliation. Ils déménagent vers un appartement de Nişantaşı, parmi les parvenus, loin des coquettes villas des pachas, dans ce quartier de la nouvelle bourgeoisie où il s'attache à sa première âme sœur, la mystérieuse et envoûtante Nüzhet.

Le pouvoir est aux abois. Le sultan n'est guère plus qu'un épouvantail, tout comme le grand vizir. L'Empire se trouve à la botte d'un trio d'officiers en pleine jeunesse. Les soldats se battent sur tous les fronts dans une guerre mondiale où Nâzım perd son oncle préféré, mouliné dans la boucherie des Dardanelles. À l'arrière, les hommes sont à fleur de peau, la poésie se fait patriotique, nationaliste, agressive, quérulente, sous la houlette du poète et penseur de la cause nationale, Ziya Gökalp. À ce moment de son récit, avec, je dois l'avouer, assez peu de tact, je le confronte à ces vers de jeunesse dont j'avais eu vent, tirés d'un poème titré « Vengeance » :

Elles crient vengez-moi
Les mosquées lardées de croix
Ils crient vengez-moi
Les innocents passés par les baïonnettes

Je précise incidemment la date : 1915. C'est l'année où l'on trucide allègrement les concitoyens arméniens sous le prétexte tout officiel de les éloigner du front oriental pour les réinstaller dans le désert de Syrie. Mon interlocuteur affronte bravement l'estocade – tout en se demandant si l'étranger qu'il accueille dans son salon est aussi bienveillant qu'il l'avait cru. Il me décrit l'héroïsme patriotique aux arrière-goûts mortifères qui imprégnait cette période de défaites, d'humiliations, de misère criante et de colère sourde. De fierté mal placée. Mais ce n'est qu'un enfant, à peine douze ou treize ans. Qu'en sait-on à Istanbul, ravagée par la faim et la honte ? L'honnêteté m'impose d'ailleurs de préciser qu'il s'en mordra vite les doigts, et qu'il sera par la suite l'un des rares à évoquer ce qu'il nomme « une tache noire sur le front du peuple turc ».

De 1917 à 1919, il enfile tous les jours le fringant costume de la Marine, d'abord au Lycée naval, sur l'île de Heybeliada, au large d'Istanbul, puis à bord du destroyer *Hamidiye*, orgueil fané de la flotte ottomane. Les uniformes lui plaisent. Le voilà sur les traces du capitaine Némo et du capitaine Achab. Il esquive ce que je sais d'autres sources : que l'un de ses enseignants au Lycée naval est le grand (et gras) poète Yahya Kemal, monstre sacré de la littérature ottomane, que ce monsieur qui s'invite chez eux pour des leçons particulières a une liaison avec sa mère, qu'il en est mortifié, que ses parents en divorcent – pratique peu courante à l'époque –, que l'illustre écrivain, affolé par le scandale, se dédit du mariage et que sa mère, effondrée, s'enfuit alors à Paris noyer son chagrin dans la peinture, laissant ses deux enfants sur le carreau. Pour un temps, l'amour maternel se résume à des cartes postales de peintres impressionnistes au ton faussement badin. Est-ce trop de dire qu'il la cherchera dans toutes les femmes de sa vie ? Son père, lui, refonde un foyer, a deux filles. Ce même Yahya Kemal qui, plus tard, n'aura pas de mots assez durs contre l'effronté Nâzım, lui met le pied à l'étrier, et ce dernier m'énumère avec une fierté candide les prix et les encouragements qu'il reçut à l'époque du gotha littéraire stambouliote.

Quand la guerre prend fin, tout son monde se délite. L'Empire, bien sûr, réduit à un confetti, et peut-être à moins que ça, son foyer ensuite, et puis encore sa santé. Alors que les cuirassés anglais campent devant le palais, que la ville est prisonnière, que la famine guette, que sa famille explose en vol, lui est fauché en pleine jeunesse par une pleurésie qui le cloue au lit pendant des mois. Ceux qui sont épargnés ne comprennent pas les résonnances abyssales de ce corps qui fait défaut, de ce coup de semonce précoce, de l'urgence que cela vous colle pour le reste de votre vie, urgence de marquer, de vivre, de saisir ce qu'on peut avant d'y retourner. En mai 1919, on apprend coup sur coup deux nouvelles : l'armée grecque a débarqué à Izmir et s'apprête à envahir l'Anatolie tout entière ; un général renégat nommé Mustafa Kemal organise la résistance depuis les steppes, et bientôt depuis cette bourgade poussiéreuse qui se nomme Ankara. S'engage alors une énième guerre désespérée pour l'indépendance de l'Anatolie. Remis sur pied, Nâzım fait les quatre cents coups avec ses amis dans une ville exsangue, découvre en même temps l'odeur du sexe, la camaraderie masculine, les passions politiques assouvies en pleine rue et la haine, la haine de l'occupant, de l'impérialiste français ou anglais qui parade et terrorise son peuple. Il parle de jeunes femmes harcelées, de meurtres d'officiers à la nuit tombée, programmés puis remis à plus tard, et, dans sa rage intacte d'adolescent, je retrouve comme des échos de l'Alger de ces dernières années, de ce qui sourdait également dans les faubourgs de Paris.

*

Le thé, trop infusé, devient de plus en plus âcre et me fait tourner la tête. Le maître, si frêle quand il se déplace, tient le rythme en marathonien, sans montrer trace de fatigue dans cet oppressant climat de défaites, mais l'urgence vient de la cuisine où une odeur de rôti se fait insistante. On m'invite sans entrain et je décline. Erreur : la cantine en face de l'hôtel s'avérera détestable.

– À demain camarade !

Les semaines suivantes, je verrai le maître presque tous les jours, à l'exception des dimanches où nous ferons relâche. Dans l'escalier, je note sur mon calepin le titre du livre trouvé dans ses toilettes – *L'Institut de remise à l'heure des montres et des pendules* d'Ahmet Hamdi Tanpınar, l'un des rares romans potables en langue turque – et me promets d'explorer sa bibliothèque.

3

Vers un monde nouveau

Réveillé à l'aube. Débarbouillé au lavabo. L'eau chaude palpite dans les tuyaux qui en tremblent de plaisir. Dehors, une fourrure de neige souillée par la ville. Je réchauffe le thé à la casserole et me souviens des noisettes achetées la veille au marché. Hier fut une journée faste : une matinée entière de notes, d'un seul tenant, un récit comme une cavalcade. Mon carnet contient toute son adolescence. En vrai professionnel qu'il est, le maître n'est pas avare de détails et ne lésine pas sur le mélodramatique. J'ai dans la tête le moteur du bateau, l'haleine des douaniers. Un conteur hors pair, ce Nâzım, et bon impresario de lui-même. Je punaise une feuille sur le mur où j'écris au feutre noir la trame de ce que je sais :

1902-1921 : Thessalonique – Alep – Istanbul
1921 : Ankara – Bolu – Batoum
1922-1925 : Moscou, marié avec Nüzhet
1925 : Istanbul
1925-1928 : Moscou, marié avec Lena
1928-1938 : Istanbul, marié avec Piraye

1938-1950 : Prison à Çankırı, Bursa, Istanbul
1950-1951 : Istanbul, en couple avec Münevver
Depuis 1951 : Moscou, en couple avec Galina puis marié avec Véra

Je me contente du prénom de ces femmes, en partie par ignorance du reste. Et puis il faut bien s'acoquiner un peu avec ses personnages, surtout ceux que je ne connais pas, et je me plais à imaginer les courbes de cette mystérieuse Lena, dentiste de son état, dont je ne vis nulle part le minois, ou les aménités de la jeune Nüzhet, la qualité de leurs ébats. J'ai bien besoin de ces expédients un rien grivois. Sans grand respect pour les biographes, je me flattais, moi, d'expédier sa vie en un rien de temps. Ce matin, la tâche me semble infiniment plus ardue. Écrire l'histoire d'un homme n'a rien d'aisé. Pour l'écrivain, le risque de la fadeur et de l'indigeste est toujours plus grave que celui de la simplification. Une narration, ce sont des coups à faire, des cartes à poser au bon moment, du théâtral, chaque livre réclamant son pesant de drame et de rocambolesque. Mais avec ces êtres de chair et de sang, avec les vivants surtout, avec ceux qui se tiennent devant nous, il entre du boucher dans l'effort de les raconter. Je glisse une feuille dans la machine, cale le thé et les noisettes à portée de main et entame la matinée.

Pour Nâzım, peu de doute, une date vaut le détour : 1921, année à raconter par le menu, année charnière et touffue. Istanbul est occupée depuis bientôt trois ans par les Français, les Anglais, les Italiens et les Grecs, qui y ont pris leurs aises. Le sultan et son gouvernement collaborent allègrement. Les officiers étrangers paradent, pressés de tâter de la Turque. Alors que les plus timorés considèrent sérieusement de placer l'Empire sous mandat anglais ou sous protectorat américain, Nâzım, en fervent patriote, s'enfuit avec trois camarades pour rejoindre la résistance à Ankara, prêt à en découdre avec l'occupant.

Le 1er janvier 1921, Nâzım, dix-neuf ans, quitte donc Istanbul sur un rafiot chargé de coton, en compagnie de l'indéfectible Vâ-Nû et de deux autres compagnons poètes – Yusuf Ziya et Faruk Nafiz, deux messieurs qui feront parler d'eux –, pour rejoindre la faction nationaliste rassemblée autour de Mustafa Kemal dans la bourgade anatolienne d'Ankara. Ils sont syllabistes, c'est-à-dire qu'ils écrivent en vers syllabiques, « comme le peuple », contre le système métrique des lettrés ottomans, et c'est là tout un programme politique, une déclaration de nationalisme, une bataille intellectuelle d'une importance capitale. À cette époque, la poésie pèse, quand bien même la chose nous échappe quelque peu aujourd'hui. Istanbul est un verrou. La ville, les lignes ferroviaires : tout est aux mains des occupants, ces grandes puissances capitalistes qui se jouent du monde, et les jeunes poètes doivent se procurer de faux papiers pour tromper les autorités. En guise d'adieu, Nâzım laisse sur le bureau de son père un poème. Le lendemain, la frêle embarcation, qui se nomme *Le Nouveau Monde* (du moins est-ce le cas dans sa mémoire, mémoire qu'il a, de son propre aveu, bien mauvaise), accoste à Inebolu, petit port de la mer Noire, et les quatre poètes poursuivent à pied, trois cents kilomètres dans les terres gercées par le froid pour rejoindre Ankara. Nâzım insiste sur les péripéties du voyage, mais je ne sais comment rendre la monotonie de ces jours de marche – l'épopée, très peu pour moi. Je me contenterai de signaler que la route est éprouvante et qu'à mi-chemin la police secrète d'Ankara sonde leur dévotion à la cause. Les deux compagnons sont refoulés pour des vétilles, Vâ-Nû et lui invités à poursuivre vers le foyer de la résistance, où quelques bonnes âmes veillent sur eux. À Istanbul, Vâ-Nû m'avait évoqué avec truculence un bordel sur la route, dont ils avaient poussé la porte par curiosité pour la misère humaine, mais Nâzım ne s'en souvient pas.

Ankara, janvier 1921. La bourgade est en ébullition, on pousse les murs, on palabre parmi les poules et les bœufs, on tente de donner du lustre à cette citadelle poussiéreuse où s'est rassemblé tout ce que le pays compte de glorieux résistants. Tout y est précaire, en apesanteur, un immense campement dans les habits d'une ville, où grouillent les espions et la peur. Ils arrivent alors qu'on vient de gagner la décisive bataille d'Inönü. Toute la ville se repasse le télégramme du général victorieux et en commente le style :

> *Après 6 heures 30. Situation que j'observe de la colline de Metristepe : un détachement ennemi, sans doute d'arrière-garde, qui tenait ferme depuis le matin au nord de Gündüzbey, se retire en désordre sous l'attaque d'un groupe de l'aile droite. Il est poursuivi de près. En direction de Hamidiye, pas de contact, ni d'activité. L'ennemi a abandonné à nos armes le champ de bataille couvert de milliers de morts.*
>
> ISMET
>
> *Commandant du front oriental*

L'excitation du danger, le chic de l'entre-soi, sont autant d'aiguillons pour notre héros avide d'aventures. Dans ce capharnaüm, il fait trois rencontres capitales : le théâtre de Shakespeare, le spectre de Rosa Luxembourg et Mustafa Kemal en personne. D'*Othello*, il se rappelle chaque scène, chaque personnage, et d'abord la belle actrice arménienne qui jouait Desdémone, ses seins pressés de se libérer d'une robe trop étroite. Dans ces aubes où se joue le destin du monde, dans cette incertitude qui exacerbe les sens, les personnages prennent une épaisseur nouvelle, on y parle de la vie, d'ici-bas. Le goût du théâtre ne le lâchera plus, quand bien même il ne le lui rendra que bien médiocrement. Un autre soir, dans une taverne bondée où, malgré la prohibition, le *rakı* coule à flots, Nâzım et Vâ-Nû se lient d'amitié avec des étudiants turcs expulsés d'Allemagne qui leur racontent avec passion la révolte spartakiste de 1919, le peuple tenant des barricades dans un Berlin vaincu, cette femme pas même belle qui subjugue les foules, électrise, et finit lâchement assassinée par la police de l'État bourgeois. Elle s'appelle Rosa. Là encore, la tête lui tourne. Martyr, en voilà un destin… La fièvre communiste a gagné la Turquie. Les bolcheviks soutiennent la guerre d'indépendance. Il y a même deux partis communistes. L'un, en cheville avec Moscou, est déclaré illégal. L'autre est dirigé par Mustafa Kemal lui-même. Mustafa Kemal, communiste ? Dans la lutte contre l'impérialisme, il n'est pas encore temps de faire la fine bouche. Le monde n'est à l'époque qu'une grande révolution et l'on a besoin d'armes, de devises et de calme à la frontière orientale.

Enfin, Nâzım et Vâ-Nû rencontrent le généralissime, avec ses bottes, son couvre-chef en peau de mouton dont il fera une éphémère mode dans l'hiver anatolien, ses yeux bleus. Plus encore que les martyrs, et même s'il s'en dédit, Nâzım aime les grands hommes, ceux qui pèsent et qui posent, qui opposent un sévère froncement de sourcil aux aléas de l'histoire, ceux qui se détachent de la masse, qui écrasent. Ceux qui mènent. Ceux dont on dira : je les ai vus. D'ailleurs, il le sait : lui-même, un jour… Kemal ne déméritait pas à ce titre. Tout critique qu'il sera par la suite, Nâzım ne l'évoquera jamais sans une évidente fascination. L'homme est paternel, intimidant, entouré de sa garde rapprochée, en tenue militaire, prêt à l'assaut. Ça sent la poudre froide, le cuir et la graisse des fusils. Avec la sueur et le sang, c'est l'odeur virile dans laquelle a été élevée cette génération d'officiers qui présidera à la destinée du pays. La discussion est courte, martiale, malgré la voix haut perchée et nasillarde de Kemal, une voix de greffier. Il a peu de temps pour deux jeunes littérateurs, et une seule recommandation : écrivez des poésies engagées.

Revigorés par cette rencontre au sommet, Nâzım et Vâ-Nû attendent d'être envoyés au front : ils rongent leur frein, crèvent d'angoisse, ne dorment plus et font la noce comme qui peut mourir demain. Pour complaire à Kemal, ils rédigent ensemble un poème incendiaire incitant la jeunesse à rejoindre la cause, où le sultan et son vizir sont qualifiés de « vendus ». Le directeur des presses en imprime 10 000 exemplaires. Grave faux pas. Sous l'effervescence générale, Ankara est en proie à des luttes intestines. Ça grince des dents au Parlement, où la destitution du sultan ne fait pas l'unanimité. Quand tombe enfin l'affectation, ce sont leurs dents à eux qui grincent : enseignants à Bolu, trou paumé réputé pour ses noisettes et ses sources d'eau vive. (Mais peut-être n'envoie-t-on pas un petit-fils de pacha se faire déchiqueter au front ?) L'éducation du peuple reste une tâche révolutionnaire et les deux compagnons font malgré tout leur bagage. Nouveau périple à pied, en chansons et en poèmes, dans un froid à en perdre des orteils. En racontant tous ces trajets par monts et par vaux, Nâzım m'étale avantageusement ses états d'âmes face à la misère des villageois (eux qui trinquaient à chaque nouvelle guerre) que je ne souhaite pas retranscrire ici : les états d'âme, c'est comme les manières, un luxe de nanti. Ces voyages nous occupent une bonne heure, et il ne me fait grâce d'aucun détail sordide ou épique.

Bolu, avril 1921. Si la ville est à mi-chemin entre Istanbul et Ankara, la population comme les notables restent farouchement acquis au sultan et voient d'un mauvais œil l'arrivée de ces jeunes réformistes à la solde d'Ankara. L'armée de Kemal est trop proche pour qu'on s'affranchisse des bonnes manières, mais les habitants taiseux gardent un œil sur les journaux : que la résistance fasse pschitt et les deux jeunes coqs finiront au cellier. S'ensuit un huis clos oppressant. Aux pires moments, ils ne dorment plus que d'un œil et par roulement, pour monter la garde. Nâzım, plus téméraire que Vâ-Nû, provoque, fanfaronne, moque Dieu au café, marche ostensiblement dans le sens contraire à la mosquée lors de la prière du vendredi. Mais – m'a raconté ce même Vâ-Nû – quand on tambourine à leur porte, en plein ramadan, alors qu'eux se préparent des tartines à la confiture de rose, ils croient tous deux leur heure venue. Par chance, ce ne sont que des voisins affamés cherchant refuge le temps d'un discret casse-croûte. « Étrangement, j'en garde un souvenir lumineux : les vaches, la vie rurale, les légendes populaires… C'est là que j'ai appris la misère, les paysans pieds nus, les ventres gonflés par la faim. » Ce court séjour traumatique participe de sa légende. Nâzım trempe à souhait dans l'Anatolie crasseuse, dans le charmant patois des ploucs, patauge dans la bouse de vache et renifle le cul des chèvres. Ce sera l'unique rencontre du peuple et du poète – exception faite de la prison. D'autant que l'on y récite encore, dans ces forêts, l'une des grandes épopées turques, de celles que les nationalistes redécouvrent alors avec candeur et délectation : l'épopée du « fils de l'aveugle », Köroğlu. Pour qui voudra la lire, George Sand en a donné une version française qui devrait faire merveille chez les insomniaques. Pour ma part, je préfère l'autre épopée, celle de Dede Korkut, que l'on ne récite guère mais qui n'est pas avare en castagne et en gueuletons, une sorte de Rabelais turc, mais sans second degré.

Tout cela est fort bien, mais les deux compères trépignent. Ils ne passeront pas l'hiver dans ce mouroir, par crainte de s'y faire égorger pour de bon. Ou de s'y pendre. Les récits des étudiants berlinois ont fermenté des mois dans leur tête, les idéaux se mêlent au fantasme de Rosa, martyre de la cause. Leur décision est prise : puisqu'Ankara n'a pas voulu d'eux, ils iront ailleurs, là où bouillonne la grande révolution, là où la promesse d'un monde nouveau se réalise en ce moment même, en cette Union des républiques socialistes soviétiques, pour tâter de ce communisme qu'on leur a fait miroiter : plus d'argent, plus de famille, plus de religion, des hommes libérés, des femmes libérées elles aussi, la terre promise enfin à portée de main. Après un passage par le chaudron ankariote puis des mois à ruminer dans leur campagne, ils ont des rêves vastes comme les steppes d'Anatolie.

On dresse à nouveau des plans pour voyager, traverser ce pays cadenassé par la guerre, éviter les soldats français ou anglais – quoique le plus dangereux ce soit encore la tique et les bandes de chiens errants. La tique surtout. Première étape : Zonguldak. Éreintante marche vers la cité minière tenue par les Français où les ouvriers se tuent à la tâche pour extraire du charbon des tréfonds de la terre. Nâzım est alors productiviste : beau le noir du charbon, belles les usines en bord de mer. Mais tout de même, ce prolétariat usé par la misère, alors même qu'eux, partout, sont invités à la table des puissants… Leur monte un sentiment aussi nouveau chez eux que l'aspiration révolutionnaire : la honte d'être riche. De Zonguldak, ils longent en bateau la côte de la mer Noire jusqu'à la grande cité portuaire de Trébizonde. On gueuletonne, on se goinfre, on dilapide les dernières économies, puisqu'en URSS ils n'auront plus besoin d'argent… Là-bas, toutes ces institutions passéistes sont mises à bas et l'on vit heureux entre frères humains. L'argent et la famille qui ont pourri son enfance : par-dessus bord. Ce sera là la marque de fabrique de Nâzım : dépensier, inconséquent, dispendieux comme un prince. Généreux à l'occasion, j'en ferai l'expérience. Son communisme à lui : au diable l'argent ! (Karl Marx, qui crachait ses poumons dans le froid londonien, harcelé par son propriétaire, ne concevait certes pas la chose de la sorte.)

Trébizonde, septembre 1921. Vétuste cité pastel coincée dans une crique, en lutte contre la montagne et la forêt. Celle-là même où, deux mille trois cents ans plus tôt, Xénophon et les Dix-mille crièrent leur fameux « Thalassa ! ». À leur arrivée, ils apprennent l'infamie : Mustafa Suphi, le patron des communistes turcs, a rendu l'âme dans une machination ourdie par des dirigeants kémalistes. Les faits sont obscurs mais le message est clair : Kemal n'a plus besoin de flatter les communistes, il va donc les mater. Les deux amis enragent et comprennent qu'entre nationalisme et communisme, le temps est venu de choisir. J'avais eu la curiosité de me pencher sur ce Mustafa Suphi, l'un de ces intellectuels à lunettes, si ottomans, qui vous donnent le tournis et le goût de l'aventure. Né à Giresun en 1883, il passe par Jérusalem, Damas, Erzeroum, acquiert un peu de science politique à Paris, exerce comme journaliste économique et politique à Istanbul, est exilé à Sinope, s'enfuit en Russie où, durant la Première Guerre mondiale, il est déporté dans l'Oural ; il y rejoint les bolcheviks, devient le représentant turc pour la Troisième internationale, fonde le Parti communiste de Turquie à Bakou, pèse de tout son poids dans la guerre d'indépendance, et finit assassiné avec quatorze camarades au large de Trébizonde, à peine quelques encablures à l'est de son Giresun natal, dans un louche traquenard que l'on ne peut officiellement attribuer à Kemal. Je ressens à chaque fois un émerveillement de petit garçon devant ces trajectoires ottomanes qui brassent l'espace, associent des noms de lieux aujourd'hui peu souvent accolés et dévident comme une évidence l'aventure sur plusieurs continents.

Nâzım et Vâ-Nû se fendent d'un poème pour ce camarade tombé en martyr puis s'enfuient vers Batoum, en URSS. Ils sont communistes. Un an après avoir rejoint les indépendantistes à Ankara, lui et Vâ-Nû trahissent la cause sans avoir tiré une balle contre l'ennemi.

Batoum, septembre 1921. Dès le bateau, les deux apprentis communistes déchantent : ne seraient-ce pas des églises que l'on aperçoit à l'horizon ? Ne les a-t-on pas démontées pour en faire du bois de chauffage, dans cet eldorado soviétique où la religion est abolie ? Dans les heures qui suivent, l'eldorado se dégonflera comme une baudruche. Nâzım et Vâ-Nû s'installent d'abord à l'hôtel de France – douillet, dorures étincelantes, service impeccable. Là, Nâzım vaque à la plus productive des occupations : s'émerveiller – c'est là la grande qualité du poète. Tout est plus beau, plus neuf en terre nouvelle, tout vibre différemment. Les militaires en costume clinquant, les alphabets russe et géorgien, les femmes qui se baignent – nues ! –, les *khinkali* – ces énormes raviolis de viande hachée, qu'on attrape par la tête et qui dégorgent leur bouillon dès que l'on mord dedans. On les badigeonne de poivre et on les accompagne de bière. Nâzım s'entiche du théâtre de boulevard français, dont des volumes traînent à l'hôtel, invente une pièce dont le héros serait Karl Marx.

L'hôtel de France accommode de la meilleure manière ce dilettantisme intellectuel, quoiqu'il pèse dangereusement sur les finances des deux hommes. On vend les bagages de cuir, les manteaux doublés de fourrure mais, très vite, la dèche guette. Les rattrape par la peau du cou un personnage interlope, universitaire défroqué qui édite un journal et entretient un louche commerce de tapis et de livres avec les Azéris. Ahmet Cevat, de trente ans leur aîné, originaire de Crète, fit une première carrière d'officier qui s'acheva dans les prisons de Tripoli – il en a gardé une hygiène détestable –, rejoignit les révolutionnaires du Comité Union et Progrès, fut nommé assistant et ensuite professeur titulaire à l'université d'Istanbul – à la chaire des langues ouralo-altaïques. Mis sur le carreau par la défaite et l'occupation, il s'enfuit en Géorgie où il reprit le journal *Le Nouveau Monde* fondé quelques années plus tôt à Moscou par Mustafa Suphi. Ardent promoteur du passage à l'alphabet latin – dont il sera l'un des artisans – et du socialisme, il place les deux poètes dans son journal, les enrôle dans le Parti communiste de Turquie et les convainc de louer une villa ensemble. Comme le loyer dépasse leurs maigres moyens, ils s'adjoignent un quatrième larron, un autre camarade lettré et fauché, Şevket Süreyya (sur la femme de ce dernier, qui les rejoindra un temps, Nâzım n'aura pas un mot). Les quatre s'organisent et inventent leur propre révolution morale qu'ils dénomment pompeusement la « famille sociale », qui est pour moi une simple vie en communauté. La vie en communauté, ce sera l'ordinaire du poète durant les décennies suivantes, et ce jusqu'à ses cinquante ans : jamais seul, ni même en couple, mais en bande – Nâzım fédère, attire comme l'aimant la limaille, et a besoin de ça pour tenir debout. À Batoum, Vâ-Nû donne des cours de religion aux enfants des familles musulmanes. Nâzım écrit. Ahmet cuisine. Quand ce dernier se fait débaucher par l'Institut oriental de l'université de Moscou, il négocie la venue de sa bande. Un conciliabule plus tard, c'est décidé : on part à Moscou.

Moscou, décembre 1921. Moscou ! Onze jours de voyage en train depuis Bakou – la ville-pétrole –, à travers le Caucase, les plaines de Russie, la famine qui s'étale à leurs fenêtres à chaque arrêt. Dans son récit, ce voyage oscille entre *La Prose du Transsibérien* de Cendrars et *Guernica* de Picasso – il ne s'est simplement pas décidé. Sur le toit des wagons, dans une débauche de bagages et d'humains, les quatre compagnons voient défiler la Russie, sa grandeur et sa misère, surtout sa misère. Enfin, ils arrivent à Moscou, en gare de Kiev, avec trois heures de retard (merci Nâzım pour ces détails qui feront à coup sûr leur petit effet). La bande des quatre s'installe à l'hôtel Lux, rue Tverskaïa, épine dorsale de la ville. Ils n'auraient pu mieux tomber. Au début des années vingt, l'hôtel Lux est l'un des nombrils du monde moderne, un bouillon de créativité. C'est là qu'ont été hébergés les délégués du troisième congrès de l'Internationale communiste. Là que séjourneront Zhou Enlai ou Antonio Gramsci, là que se presse toute une jeunesse communiste qui rêve à s'en faire mal au ventre, tous ceux qui bousculeront le monde dans les décennies à venir, révolutionnaires communistes, militants indépendantistes… On a fait tomber le tsar, les autres puissants n'ont qu'à bien se tenir.

Le compagnons reprennent leurs habitudes collectives, mâtinées de culture communiste, les mâchoires serrées et le cheveu ras. L'aîné Ahmet Cevat prend ses fonctions à l'université de Moscou et, peu après, les trois autres s'enrôlent à la toute nouvelle université communiste des travailleurs de l'Est, fondée l'année précédente pour former les futurs cadres des provinces périphériques. Elle trône à deux pas de l'hôtel Lux, sur ce qui est aujourd'hui la place Pouchkine. Les étudiants y sont divisés en sections linguistiques : Turcs d'Asie centrale, Indiens, Chinois... Les Chinois, qui ont une révolution sur le feu, sont les plus nombreux. Le curriculum combine théorie et pratique, autant de leçons sur la révolution d'Octobre que de travaux pratiques, fusil en bandoulière. Au programme :

– Fondamentaux du marxisme-léninisme
– Introduction au matérialisme historique
– Droit et administration
– Tactiques de la révolution prolétarienne
– Propagande : comment mobiliser les masses ?
– Histoire du mouvement révolutionnaire
– Organisation du Parti
– Impérialisme et colonialisme

Je les imagine potasser des manuels de propagande, les doigts engourdis de froid, s'approprier sous forme de slogans quelques bribes de matérialisme dialectique, apprendre comment harceler des armées régulières en petits comités, suivre les nouvelles du pays en guettant le moment propice, le jour où... et surtout décharger les camions, réparer les routes, récurer les cuisines, faire le planton devant le bureau de quelque commissaire. J'en ricanerais presque, n'était le solide parcours de ses condisciples. Liu Shaoqi, le président de la République populaire de Chine, y était un an avant Nâzım, et Hô Chi Minh, le président de la République démocratique du Viêt Nam, a dû le croiser à la cantine. Au vu du camouflet que ce dernier infligea aux généraux français, on ne peut qu'applaudir l'excellence de la formation reçue.

La description qu'il me donne de cette vie embrigadée pullule de ce que je n'ai pu qu'entrapercevoir à Paris. Discipline de parti, vie collective, stricte séparation des sexes, séances d'autocritique, remontrances de groupe. Tout un usinage de l'âme, tout ce christianisme machiné, cette intransigeance puritaine qui m'avait irrémédiablement dissuadé de m'encarter. Les tristes quakers débarqués en Virginie devaient être plus indulgents avec les manquements de leurs compagnons que les camarades du Parti. Quant à moi, je n'aime pas les machines ni les groupes.

Ces casernes en autogestion où l'on ne mange pas vraiment à sa faim (pain noir, moitié de laitue et carotte dixit Nâzım) sont encore l'un des endroits les plus heureux de l'Union. La révolution n'a pas cinq ans. L'URSS sort de la guerre civile. Les bolcheviks ont maté la résistance, mais les idéaux en ont pâti. Marx et Engels n'avaient pas pensé les vicissitudes de la guerre, ni d'ailleurs l'intendance. Le pays est ravagé par l'une des pires famines de son histoire. On ne pense qu'à manger. Les corps sont brisés par la malnutrition et, alors que maraudent par milliers des bandes d'enfants délinquants – violents et affamés, alcooliques, drogués, prostitués –, l'on accepte à regret l'aide internationale. La santé de Vladimir Ilitch Lénine décline, il cède sa place à ce Joseph Staline que lui-même juge, en homme averti, bien trop brutal pour la fonction.

Soit. Mais pour la bande des quatre, pour Nâzım tout particulièrement, Moscou est une fête. L'ascétisme n'est que de circonstance. Il vit par procuration l'exaltation des commencements, l'internationalisme, la liesse du 1er mai, tous ces peuples, cette communion, cette fraternité exacerbée. Son monde, ce sont les dortoirs de l'université, et d'abord le petit cercle des turcophones : Vâ-Nû, Şevket, Nüzhet – son amour d'adolescence qui, pour une raison que j'ignore, se trouve elle aussi à Moscou –, et puis les Ouzbeks, Tatars, Kirghizes qui composent le gros de la section. Lui règne, assouvit ses instincts de chef et essaie de faire oublier son pédigrée de nobliau parmi les sans-le-sou. Les cours occupent peu de temps et il fait ses gammes de futuriste. Il peint, s'essaie au théâtre, écrit une première pièce sur l'assassinat de Mustafa Suphi, fait la rencontre de Nikolaï Ekk, assistant du dramaturge Meyerhold, qui sera de tous ses séjours moscovites.

La pièce qu'ils montent ensemble obtient un compte rendu dans la *Pravda*. Ah, l'ivresse de la presse, de son nom – le sien ! – en toutes lettres, des éloges (et les Soviétiques s'y connaissent dans ce domaine). Peu en réchappent et Nâzım s'y montrera particulièrement sensible. Il écrit surtout de la poésie, abondamment, avec une mission de la première importance : tordre le cou au rythme et à la rime, libérer le vers, émanciper la poésie de ces chaînes-là comme on émancipera le prolétariat de celles du capitalisme. Il a élaboré sur le sujet toute une mythologie que l'on pourrait intituler : comment Nâzım Hikmet libéra le vers turc. Il y a d'abord un poème entraperçu dans la *Pravda,* en Géorgie – de Maïakovski, dit-il, avant de se dédire –, puis la famine côtoyée en train, les corps décharnés qui lui enjoignent de trouver d'autres formes d'expression ; enfin, une nuit, à sa table, devant témoin, il écrit les « premiers vers libres de la langue turque ». Il se met surtout à l'heure de Moscou et, vu de la place Pouchkine, l'originalité de la chose est tout de même moins mordante. De cette période resteront plusieurs poèmes réunis dans son premier recueil, comme ce fameux « Devenir machine » dont je retranscris le refrain au -r près :

trrrrum,
            trrrrum,
                        trrrrum !
trak tiki tak !
Je veux
                        devenir machine !

(Moi aussi, camarade, aux heures tardives, quand le dos grince et que l'esprit s'enlise, j'ai quelquefois l'impression de me transformer en automate rouillé. Mais de là à le désirer…) À ce jeu-là, évidemment, les problèmes de traduction s'amenuisent. De fait, ce sont des poèmes à crier sur scène devant un public qui ne saisit un traître mot de turc. On vocifère, on chuinte, on joue l'homme-orchestre avec les sonorités de la langue, seul sur scène, en faisant cingler les *trrrrr* et les *trak*. De toutes les manières, fini l'art bourgeois, vive l'art prolétarien, collectiviste, constructiviste, futuriste ! Au concert symphonique, le concert de sirènes : l'art sera révolutionnaire. En poésie, cette révolution a un nom : Vladimir Maïakovski, le poète le plus en vue de Moscou. Il le rencontrera lui aussi à l'hôtel Lux. Deux fois ! Maïakovski ! Maïakovski. Maïakovski... Nâzım n'a que ce nom à la bouche et il le ressasse avec une ambivalence qui me perd. Il le loue, insiste sur leur complicité puis pointe sa propre originalité, s'en distancie, le critique vertement, avoue ne pas l'avoir tout à fait lu. J'en déduis qu'à vingt ans, il aurait tout donné pour se réclamer d'une proximité avec lui mais qu'aujourd'hui il craint d'être phagocyté par cette trop imposante idole soviétique et souhaite à tout prix s'en démarquer. C'est qu'à Moscou, il se dit que Nâzım n'est qu'un brave épigone, une pâle copie de ce maître-là, et lui semble décidé à ne pas se laisser voler la vedette par un suicidé. Il s'emploie donc à m'expliquer qu'à l'époque il ne comprend pas assez le russe pour apprécier pleinement l'œuvre, que ses vers... Comment lui avouer que je n'ai pas lu le maître russe, que je connais à peine ce nom, et que je me fiche de savoir s'il lui a subtilisé une ou deux ficelles ?

Il n'empêche : Maïakovski est une claque. Un an plus tôt, à Istanbul, la révolution consistait pour lui en des quatrains de vers syllabiques sur des thèmes nationalistes pour rompre avec les stricts canons persans de son grand-père. Istanbul, défaite, est à la traîne d'une révolution esthétique.

À Moscou, il est au cœur de celle-ci, et saura la monnayer au prix fort de retour au pays.

*

Hier, après avoir quitté Nâzım, j'ai déambulé dans la ville, à la recherche du Lux, rue Tverskaïa, qui existe encore mais n'a plus son lustre d'antan, et de l'université, place Pouchkine, qui, elle, n'existe plus. J'ai arpenté ces quelques rues qui circonscrivaient son monde de stagiaire en révolution internationale. J'ai même poussé jusqu'à l'ambassade pour dénicher une traduction française de cet intriguant Maïakovski. Reçu par l'ambassadeur en personne, qui n'est pas hostile aux Soviétiques mais n'apprécie guère les poètes futuristes et les jeunes Français désargentés qui traînent à Moscou – ils ne viennent à l'ambassade que pour taper du fric ou, dans mon cas, un livre. Il me prête de mauvaise grâce un poche conservé par un prédécesseur plus féru de littérature, avec une remarque qui me donne envie de lui renvoyer le livre à la figure. J'eus raison de n'en rien faire : l'ouvrage est passionnant. *Maïakovski, poète russe* est une biographie du bonhomme suivie de traductions par Elsa Triolet, couverture noire et rouge où le visage du poète est représenté de trois quarts, avec cet air grave et constipé qui, à Paris, indique sans erreur le poète en action. J'apprends au passage qu'Elsa Triolet, la femme de Louis Aragon, qui fit connaître Nâzım en France, est la sœur de la compagne de Maïakovski. Petit monde que celui des poètes communistes. « Maïakovski est né le 7 juillet 1893 à Bagdadi (village de Géorgie), dans la famille d'un garde-forestier » ; il est « le fils des grands arbres et de la beauté du Caucase ». Peintre, et poète par accident, par provocation :

> *Maïakovski, encore aux Beaux-Arts, crevait de faim et faisait partie d'un groupe qu'on appela plus tard « futuriste » et qui commençait à lancer le bruit que Maïakovski était un poète de génie, avant même qu'il eût écrit une ligne, ou presque. « Maintenant, – lui disait Bourliouk, le plus âgé d'entre eux, un assez gros personnage portant la redingote, borgne, avec une frange de cheveux sur le front – maintenant débrouille-toi pour en avoir… » Maïakovski se mit à écrire.*

On fait des légendes avec moins que ça. L'homme est d'un nombrilisme fantasque et assumé, qui jure avec la fausse modestie du mien. Iconoclaste surtout. Je me ferai plus tard traduire le manifeste qu'il cosigne en 1912, *Une gifle au goût public* : une page unique, mais quelle page !

> *Le passé est trop étroit. L'Académie et Pouchkine sont moins compréhensibles que des hiéroglyphes. Jetez Pouchkine, Dostoïevski, Tolstoï etc. etc. par-dessus bord du bateau à vapeur de la modernité.*

C'est potache, c'est outré, mais c'est osé et ça fait rire. À la même époque, à Paris aussi, les potaches sont à la manœuvre. Lisez Apollinaire, lisez Cendrars… Salvatrice parfois cette jeunesse qui s'ébroue, ces crises qui envoient valdinguer toute la porcelaine accumulée sur huit générations, porcelaine qui interdit de bouger le petit doigt et oblige à devenir à peine plus qu'une ombre dans sa propre maison. Y passent une jouissance, un jeu, un souffle et un sens de l'urgence salutaires. Un humour aussi, l'enviable légèreté de la jeunesse, un désir de table rase dont Nâzım se souviendra – l'humour en moins. De Paris, des surréalistes, je sais tout aussi bien que ces nouveaux départs finissent inévitablement dans les oukases, les mots d'ordre, les anathèmes prononcés l'index tremblant et les sourcils froncés, les ridicules pugilats dans un mouchoir de poche, personne ne concédant l'insigne honneur d'être le premier, ou le meilleur. Mais, en politique comme en esthétique, les révolutions doivent-elles être uniquement jugées à la façon dont elles échouent ? À Moscou, Staline se chargera plus tard de mettre tout le monde d'accord. Pour l'heure, les artistes sont à la manœuvre.

*

Même quand elles ne sont qu'un alibi, le temps des études a une fin. À l'occasion d'un congrès du Parti communiste de Turquie, on incite les jeunes diplômés à retourner au bercail pour propager la bonne parole dans cette nouvelle République qu'ils ne connaissent pas encore : la République de Turquie, déclarée en grande pompe le 29 octobre 1923. Plus de sultan, plus de calife, plus de vizir, plus de pachas, plus beaucoup de chrétiens non plus. Ces études tous frais payés avaient vocation à former des cadres, et pendant quelques années c'est ainsi que Nâzım se concevra, même si le Parti se méfiera toujours de lui et finira par le mettre à la porte. La petite famille se débande. Süreyya et Cevat plient bagage les premiers. Vâ-Nû, marié à une Russe, une enfant sur les bras, décide de rester. Nâzım, lui, quitte Moscou en décembre 1924, entre autres raisons pour rejoindre Nüzhet, devenue entretemps sa femme, et au sujet de laquelle il reste étrangement laconique. Nüzhet ? J'apprends incidemment que cette ancienne voisine de palier à Istanbul, son amour de jeunesse, serait l'une des raisons du départ en Géorgie en septembre 1921, puis du départ à Moscou trois mois plus tard, et encore de ce retour à Istanbul, dans un jeu de cache-cache à travers une décennie et deux continents en guerre.

4

Du turc avant toute chose

Moustapha Djelaleddin, ainsi que lui-même francise son nom, pacha de son état, est l'arrière-grand-père maternel de Nâzım Hikmet. Pour toute autre biographie, c'eût été pousser la diligence trop loin que de remonter jusqu'à cet obscur bisaïeul. Mais, dans notre cas, on m'excusera cet excès de zèle. C'est que notre poète lui doit plus qu'on ne le soupçonnerait. Une complexion d'abord – ces yeux bleus et ces cheveux châtains que personne, personne, n'omet de mentionner. Une nationalité ensuite: comme son nom ne l'indique pas, Moustapha Djelaleddin est polonais de naissance. Quand, en 1951, Nâzım est déchu de sa nationalité, c'est la polonaise qu'il se choisit en retour, accolant à Hikmet le nom de naissance de son bisaïeul, Borzecki. Une cause enfin, car ce Borzecki fut – tout polonais qu'il était – un fervent partisan du nationalisme turc comme de la défense de sa langue. Et Nâzım, malgré ses velléités internationalistes, ne se départira jamais d'un nationalisme candide.

Moustapha Djelaleddin naît Konstanty Borzecki, en 1826, dans une famille désargentée de la noblesse polonaise.

Artiste en herbe passé séminariste, il prend les armes contre la Prusse lors de l'insurrection de Grande-Pologne, ce qui lui vaudra un séjour en prison et une fuite en France, fuite qu'il poursuit jusqu'à Istanbul où il s'enrôle dans l'armée ottomane. Plutôt les Turcs que les Russes. Comme d'autres avant lui qui servirent le sultan contre leur chrétienté natale – Ali Ufki, Kantemir, Ibrahim Müteferrika, premier imprimeur de l'Empire… –, il se convertit à l'islam et change de nom. Chacun fit une digne carrière dans cet empire aux portes grandes ouvertes. Officier de l'armée de Sa Majesté le Sultan, Moustapha Djelaleddin va tailler du chrétien dans toutes les guerres de l'Empire, sabrer les Russes en Crimée, réprimer les indépendances en Crète comme au Monténégro et, à cinquante ans, rend l'âme et les tripes sur le champ de bataille. Pendant les deux grosses décennies qu'il passe en habit ottoman, il se fait, plume à la main, l'ardent avocat d'un nationalisme turc balbutiant.

L'hiver dernier, dans un Paris sale et pluvieux, je m'enfermais à la Bibliothèque nationale jusqu'à la tombée de la nuit pour lire l'unique ouvrage de ce bisaïeul, *Les Turcs anciens et modernes*, publié en français à Constantinople en 1869, et dont Mustafa Kemal était – dit-on – un lecteur assidu. L'homme a du style, et comme le papier coûte cher (les pages jaunies s'effritaient entre mes doigts), il condense plusieurs livres en un : une entreprise de réhabilitation des peuples turcs dans l'histoire, « ces Bretons d'Asie, à la nature froide, mais bonne », un panorama flatteur de l'Empire ottoman, une mise en garde contre la perfide Russie, et puis une polémique historico-scientifique – on n'écrit pas juste pour le plaisir d'enchaîner des banalités mais aussi pour se castagner avec des collègues. En France, un certain Casimir Delamarre veut bouter les Turcs hors de la reluisante catégorie d'Aryens pour les reléguer au rang de barbares d'Asie, en compagnie des Russes. Alors notre Polonais s'emploie à prouver l'aryanité de ces Turcs ottomans par une généalogie vertigineuse qui passe des Thraces à la Grèce et la Rome antiques. Il ira jusqu'à démontrer que les Étrusques auraient été des presque-Turcs. Pour ce faire, il noircira des pages et des pages d'étymologies fantaisistes entre le turc, le grec et le latin, en un jeu qui ne s'arrêtera pas de sitôt et transformera des générations de savants en épigones de Lewis Caroll. Mais peut-être doit-on lire ce livre comme un hymne à la langue turque, un des premiers en son genre. De toutes ces joyeusetés, je ne retins que ce passage :

Tout au contraire, je me sers d'une langue bien vulgaire et bien populaire, qu'aucun écrivain turc n'oserait mettre sur le papier, et qui est parlée par les peuples turc et tatare. La nation turque, depuis plusieurs siècles, est affectée d'une plaie de persianisme et d'arabisme officiel.

Se dépêtrer de ce persianisme et arabisme officiel sera la grande affaire d'au moins trois générations, qui s'achèvera par ce que Kemal nommera pompeusement sa « révolution de la langue » : toute une série de réformes imposées par la force qui rendent la langue turque étrangère à elle-même.

J'évoquai à Nâzım ce bisaïeul nordique, en suggérant que sa famille avait, qui sait, un tant soit peu pesé sur le cours des choses et les péripéties de la langue. Il répondit du tac au tac, sans fanfaronnade aucune :

– La langue turque, mon garçon, c'est moi qui l'ai réformée. Pas M. Kemal, encore moins les costumes trois pièces de l'Institut pour la langue turque. Et sans décret. Sans police. Sans matraque. Sans taper sur la tête du peuple, mais en lui chuchotant à l'oreille. Par la poésie, tout simplement. Voyez-vous où cela m'a mené ? Une langue, mon garçon, n'a pas besoin d'académie, de congrès ni d'une brigade de bureaucrates. Non, elle a besoin d'amoureux, de portefaix, de mères, de commères et de poètes. De ça, on ne manque pourtant pas en Turquie. Eux, avec leurs méthodes de colonels, n'ont réussi qu'à embrouiller les têtes, et d'abord les leurs.

C'était drôlement catégorique pour quelqu'un dont les écrits sont, en Turquie, interdits de publication depuis plus de vingt ans. On ne saurait néanmoins lui donner complètement tort. Ses poèmes circulent, sous le manteau certes, et au sein d'un cercle somme toute restreint, mais nimbés d'une aura quasi religieuse. Istanbul fourmille d'histoires de poèmes passés en contrebande dans des bocaux d'olives, recopiés dans des cahiers d'écoliers, commentés entre amis, de nuit, dans la fumée des cigarettes et la lumière des lampes à pétrole. Surtout, il a semé des graines qui ont éclos de la meilleure des manières dès 1941, année de la parution du recueil *Étrange*, cosigné par trois jeunes poètes : Orhan Veli, Melih Cevdet et Oktay Rifat – qui n'est autre que le jeune cousin de Nâzım. La poésie est affaire de bande et de famille.

Si une poignée de jeunes poètes entérinent aujourd'hui la révolution de Nâzım, les vicissitudes de la langue turque n'en restent pas moins d'une passionnante complexité, dont il a tort de s'attribuer l'exclusive paternité. La latinisation est, au XIXe siècle, la cause qui agite les capitales orientales d'Istanbul à Tokyo. Écrire en alphabet latin, c'est se mettre du bon côté de l'histoire, accéder aisément à l'imprimerie, faciliter l'alphabétisation (et voilà autant de lecteurs gagnés pour la presse quotidienne). Le changement d'alphabet fut l'objet d'âpres débats entre modernistes et conservateurs. Le Japon freina au dernier moment. La Turquie s'y lança à corps perdu. En 1928, Kemal ordonne qu'on rhabille la langue turque dans un latin sur mesure, rapiécé de trémas et de cédilles, flanqué d'un « g » doux qui ne se prononce pas. Et chaque citoyen redevient écolier, à la grande école du Père des Turcs. Mais ce n'est là que la première étape. Une fois lancé, on s'appliquera à repriser l'étoffe de la langue jusqu'à la rendre méconnaissable. Il fonde un Institut pour la langue turque, dont les académiciens improvisés sont rapidement pris d'une furie de néologismes. Il faut passer tous les mots arabes et persans par le fil de l'épée (le français, lui, reste le bienvenu). On les traque jusque dans le plus quotidien, dans les cuisines et les chambres à coucher. À la même période, on interdit de parler autre chose que le turc dans ce pays cousu de populations de tous horizons : Kurdes, Arabes, ce qu'il reste de Grecs et d'Arméniens, Albanais et Tcherkesses… On purifie. Purifier, c'est le maître mot, la grande idée qui balaie le monde. Pour pouvoir tout de même parler, on tricote à tour de bras d'audacieux néologismes, avec une telle réussite que les discours deviennent rapidement incompréhensibles. Ce n'est plus la littérature, c'est la science qui réformera la langue. L'Europe de l'Ouest se gargarise de ces Indo-Européens qui seraient à l'origine des grandes civilisations ? Eux démontreront l'antériorité des Turcs.

L'affaire tourne au vinaigre. Mustafa Kemal, héros de l'indépendance devenu autocrate irascible, avait nettoyé la concurrence à coup de prison, d'exil et de pendaisons. Il se cloîtrait dans son palais avec sa bouteille et ses pois chiches grillés – les *leblebi*, pâteux dans la bouche, pires amuse-gueules de Turquie – et se rêvait linguiste en chef de la nation. Il n'avait rien d'un idiot, mais les choses de l'intellect ne l'aguichaient que lorsqu'elles ressemblaient à une campagne militaire, à une mémorable épopée. Ainsi, quand un obscur Viennois lui envoie un manuscrit farfelu sur les rapports de la langue turque et du soleil, Kemal, tout imbibé de *rakı* et de sa lecture de Djelaleddin pacha, s'enthousiasme. Les linguistes de l'Institut toussotent, dont Ahmet Cevat, devenu entretemps un apparatchik de second rang, qui avait reçu le manuscrit le premier et l'avait remisé en ricanant. Kemal insiste. On se met à l'ouvrage : voici venu le temps de la théorie de la langue-soleil. Le fond de l'affaire est potache. Toutes les langues du monde proviendraient d'un hypothétique proto-turc. Le hittite, dont on ne savait que faire, mais aussi le grec, le sanskrit, le français… Du turc avant toute chose. Le premier son de l'homme, la « racine originelle » : un immense « Aaaa », noté « Ağ », une variante kémaliste du « Om » primordial hindou. Cela règle de fait pas mal de problèmes : celui de l'autochtonie des Turcs et celui des nécessaires emprunts aux langues étrangères. On organise un glorieux congrès où l'on invite des sommités japonaise, allemande, autrichienne, hongroise, soviétique, polonaise, grecque, italienne, anglaise et française pour célébrer cette tardive mais définitive révélation. Causerie qui se conclut par cette fulgurance :

> *Jusqu'à présent la linguistique classique n'a pas tenu suffisamment compte de l'influence du soleil sur l'origine du langage humain et a négligé ce principe qui pourtant est essentiel.*

Qu'avait donc fait jusqu'ici la linguistique classique ? Le Français, le Grec et l'Anglais écoutèrent poliment, jusqu'au bout, et déclinèrent l'invitation à signer une telle extravagance. Les autres, qui avaient abusé de l'hospitalité et des largesses de leurs hôtes, ne se firent pas prier. Cet épisode est certainement le plus risible de cette fin de règne kémaliste, qui ne prêta pas à sourire et se finit dans le chaos et dans le sang. Le 10 novembre 1938, Kemal décède d'une cirrhose. Cette fantaisie ne lui survécut pas, mais la langue continuera longtemps de tituber. À sa manière, qui n'était pas celle d'un poète, Kemal avait exaucé le vœu des futuristes russes : faire du passé table rase.

Il y avait dès lors une place à saisir et Nâzım, arrière-petit-fils de renégat polonais, arriva à point nommé. À une époque où la langue écrite était tripotée par des idéologues comme une vulgaire pièce de viande sur l'étal du boucher, lui choisit un turc simple, accessible à tous, sans néologismes turciques ni fioritures arabes ou persanes. J'avais lu le livre de Tanpınar, celui qui traîne dans les toilettes de Nâzım : loufoque et drôle, mais encore fardé de mots tarabiscotés. Pour ses poèmes, notre poète prit une étoffe moins pesante, plus commune, mais douce et familière, infiniment plus simple que celle de l'État ou des journaux. « Je me sers d'une langue bien vulgaire et bien populaire », comme disait son aïeul. Vulgaire dans le sens d'alors : une langue des gens de peu. Car il n'y a chez lui quasiment pas d'argot, de vernaculaire, pas de ce folklorisme bon teint qui veut mettre sous cloche des parlers locaux. Une langue confectionnée pour la traduction, certainement. Mais une langue… À la Prévert, me dit-il. Jacques Prévert ? Pourquoi pas, à tout prendre : simple, épurée, avec parfois ce quelque chose de manichéen qu'ont ceux qui imitent les manières des enfants. Lui qui, comme Kemal, comme nombre d'Ottomans, est orphelin de sa ville et de sa langue natale, lui qui, à soixante ans désormais révolus, continue d'utiliser l'alphabet arabe pour écrire à la main, berce aujourd'hui ses contemporains d'une langue si limpide, si naturelle, si évidente, si mélodique que chaque Turc pense qu'elle fut sienne de tout temps. Alors, pardi, si l'on prête au vieux Dante l'honneur d'avoir fondé l'italien moderne, pourquoi dénier à Nâzım celui d'avoir accouché de la langue turque ? Ou disons : de l'avoir lissée, poncée et rendue aussi neuve qu'un bébé qui sort du bain.

5

La poésie à coups de marteau

Istanbul, janvier 1925. Nüzhet ne veut plus de lui. Pourquoi ? Aujourd'hui encore, il ne saurait le dire. La psychologie n'est pas son fort. Après des mois de séparation, des lettres poignantes, alors qu'il est revenu à Istanbul pour tenter de recoller les morceaux, elle rompt. Elle ? Toute fluette, pas même belle avec ce gênant strabisme ? Rompre avec lui, la mascotte du Lux, le phénix de l'université communiste des travailleurs de l'Est ? Il serre les dents. Après sa mère, une fois encore, la femme sur laquelle il s'appuie l'abandonne. Et Vâ-Nû qui n'est pas là pour le soutenir. La tête lui tourne. Il signe un poème enfantin et entêtant, tout en allitérations et en répétitions.

LE GÉANT AUX YEUX BLEUS, LE P'TIT BOUT DE FEMME ET LES CHÈVREFEUILLES

Un géant aux yeux bleus
aimait un p'tit bout de femme.
Elle rêvait d'une petite maison
          d'une maison

au jardin
de chèvrefeuille.

Le géant aimait comme un géant.
Et ses mains de géant étaient faites
pour de telles choses
qu'il ne pouvait toucher aux murs
qu'il ne pouvait toquer aux portes
de la maison
au jardin
de chèvrefeuille.

Un géant aux yeux bleus
aimait un p'tit bout de femme.
Un tout p'tit bout de femme.
Éprise de son confort
elle s'épuisa sur les routes immenses du géant.
« Au revoir » dit-elle au géant aux yeux bleus,
et, au bras d'un riche nain, elle s'installa
dans la maison
au jardin
de chèvrefeuille.

Le géant aux yeux bleus comprit alors
qu'aux amours gigantesques, elle ne sera pas même une tombe :
la maison
au jardin
de chèvrefeuille.

J'inclinerais volontiers à le taxer de narcissisme, mais il est, en turc, d'une émouvante beauté. Sortie de scène pour sa première femme dont il ne pipera dès lors plus mot. Le voilà chez son père, un père heureux et soulagé de revoir son aîné, qui l'accueille dans son nouveau foyer : une femme jeune et attentionnée, deux petites filles charmantes, un confort tout moderne. Après une éphémère mission au consulat d'Hambourg, il est gérant de cinéma, l'un des premiers du pays, et édite une revue pour cinéphiles.

Nâzım travaille pour la revue du paternel, et aussi pour *Le Marteau et la Faucille*, celle du Parti, qu'il vend sur le pont de Galata – vétuste structure en bois qui est le nerf d'Istanbul. Avez-vous essayé de crier des journaux dans la rue ? Non ? Cela n'a rien d'aisé, même quand on est rompu aux scènes révolutionnaires de Moscou. D'un coup, il faut se lancer, passer outre l'indifférence polie qui prévaut entre inconnus, perturber le ballet de la rue, assumer le ridicule devant les regards mauvais (le communisme ne fait pas l'unanimité). Il rédige des articles sur le matérialisme dialectique. Adepte des notes de bas de page, il se veut théoricien (car le matérialisme dialectique, cher monsieur, ça n'est pas pour les crétins). Ses articles sont pour moi tout à fait illisibles – et d'abord parce qu'ils sont écrits dans l'ancien alphabet.

Heureusement, l'expérience sera de courte durée. En février 1925, aux confins orientaux du pays, des hommes prennent les armes contre la République, sous la houlette d'un cheikh nommé Saïd. Eux sont kurdes, croyants fervents, attachés au califat que Kemal a abrogé. Les camarades du *Marteau et la Faucille* prennent bien entendu fait et cause pour ces damnés de la terre qui se révoltent contre l'oppression capitaliste. Les choses sont malheureusement plus complexes mais, une fois encore, que peut-on bien en savoir dans la coquette Istanbul ? Et puis, si l'on doit attendre que le paysan anatolien ait lu tout Engels et Marx… Les militaires qui tiennent le pays n'ont, eux, pas des âmes de diplomates. Ils ont passé leur vie à se battre et s'adonnent à ce qu'ils font le mieux : déclarer la loi martiale, étrangler la presse libre, massacrer les opposants. On tranche toutes les têtes qui dépassent, dont celles de nos communistes qui sont sortis du bois. L'un de la bande des quatre, Şevket Süreyya, est arrêté séance tenante. Nâzım prend ses jambes à son cou et file à Izmir, où il découvre avec ravissement la vie de fugitif – bien sûr, on doit se planquer dans une cave des mois durant, mais être recherché par tout un pays, n'est-ce pas déjà un bout de célébrité ? Par contumace, il prend quinze ans de prison, son père est physiquement molesté. Pour la deuxième et avant-dernière fois, Nâzım fuit illégalement le pays.

Comme il y a de faux départs, il y a de faux retours, des arrivées ratées. Première entrée sur la scène stambouliote, qu'il voulait fracassante : ratée. Le voilà donc, à l'automne 1925, de nouveau à Moscou, alors même que Vâ-Nû, lui, s'apprête à quitter la ville. Nâzım ne s'y attardera pas, ni dans les faits ni dans son récit, mais je note pêle-mêle : un mariage avec une dentiste du nom de Lena, un emploi de traducteur à l'université, la gestion éphémère d'un théâtre avec Nikolaï Ekk, où il est question de méchants capitalistes, de gentils prolétaires et d'hymnes révolutionnaires chantés à pleins poumons, la rencontre avec Muhsin Ertuğrul, qu'il introduit dans le milieu moscovite et qui deviendra le gourou du cinéma turc (de même que son futur employeur), une publication à Bakou intitulée *Chanson de ceux qui boivent le soleil.* Dans l'intervalle, son grand-père décède.

En 1927, il est gracié par le gouvernement de Turquie. Le Parti décide de le renvoyer à Istanbul. Kemal aurait, dit-on à Moscou, une faiblesse pour le jeune poète. Comme on se méfie tout de même des versificateurs, on lui adjoint son compatriote Ismaël le Laze, ancien machiniste devenu apparatchik : obtus, sanguin, un visage sans finition et un nez de pharaon, adepte du « Et que ça saute ! », avec peu d'appétence pour la poésie et les fioritures mais une envie de commander, de taper du poing sur la table et de marcher dans la montagne.

Les deux communistes prennent le train jusqu'à Bakou, Tiflis, Batoum. Là, sans nouvelle du gouvernement turc, sans visa, ils décident de passer effrontément la frontière à pied, par les montagnes (il n'y a pas à dire, on voyage), jusqu'à la ville turque de Hopa. À leur arrivée, ils sont cueillis comme il se doit par une police ravie de voir un peu d'action. L'aventure vaut à Nâzım sa première prison, et il s'adonne alors à un genre prisé en Turquie : la littérature carcérale. Il y gagne surtout sa première photo de presse : quand les deux prisonniers sont transférés à Istanbul, le quotidien *La République* couvre l'événement. Sur la photographie, Nâzım, escorté par deux policiers, arbore un air décontracté et conquérant. C'est l'arrivée dont il rêvait : menotté, mais en couverture des journaux. Lui et Istanbul – la seule scène dont il se soit en vérité jamais soucié – ont un compte à régler.

*

À sa sortie de prison, en décembre 1928, la langue turque est en pleine mue. Le Parlement vient de voter le changement d'alphabet, une mesure parmi d'autres dans la grande révolution culturelle que projette Kemal. Les rues se parent de ces couleurs européennes. Les colleurs d'affiches s'activent à rhabiller la ville et, en un rien de temps, l'alphabet arabe se retrouve cantonné aux mosquées et aux cimetières.

Nâzım pose ses valises chez son père. Après le retour raté de 1925, après ces mois de prison, il a une faim d'ogre et des envies de meurtre. Son nom passe à merveille dans ce nouvel alphabet et il désire ardemment le voir, partout. Il découvre avec délectation qu'il n'est déjà plus un inconnu. À peine a-t-il humé l'air marin d'Istanbul – un mélange de poisson, de pisse et de bois vermoulu – qu'il met sous presse son premier recueil, un opuscule titré *873 vers* qui aura l'effet escompté : une déflagration dans un champ de vieilleries. La littérature turque n'avait jamais connu une telle concentration de « ! » en si peu de pages – le point d'exclamation y était d'ailleurs un emprunt assez récent et d'un emploi modéré. Ici, il se dresse presque à chaque ligne, la charge d'un jeune homme en colère contre les moulins à vent.

Le Français Pierre Loti, figure déclinante de l'orientalisme littéraire, avait déjà fait les frais de la rage du poète. Il sera suivi de près par toute l'arrière-garde de la poésie stambouliote. Dans son ambition de table rase, Nâzım s'acoquine avec les fondateurs d'une revue socialiste, *Le Mois illustré*, plus esthétique que *Le Marteau et la Faucille*, plus bourgeoise aussi, bohème et chic, en alphabet latin, avec illustrations couleur. Très vite, ils se lancent dans une campagne de presse en guise de défi à toute la ville : « Nous démolissons les idoles », campagne qui, malgré le maigre tirage, procurera ce scandale nécessaire à toute vie littéraire. Chaque mois, il éreinte un grand nom de la scène stambouliote. Derrière le vernis oriental, ces écrivains ottomans sont de fait des littérateurs parisiens, biberonnés au romantisme Second Empire puis au symbolisme fin de siècle, à ce Paris du XIXe qui, dans son maniérisme cotonneux et rond, collait parfaitement avec la poésie ottomane, avec cette grande bourgeoisie inatteignable qui se croyait enfin dévolue au superflu. Ces gens se rappelaient le Paris de leurs études et avaient raté une marche de la modernité française : Apollinaire, Cendrars, Breton, le surréalisme… tous ces goguenards artificiers du vers qui décapèrent les lettres parisiennes. Nâzım les surprit en flagrant délit de ringardise et ne fit pas de quartier. Dans les soyeuses pages du *Mois illustré*, le poète est caricaturé en boxeur sur un ring ou en bûcheron – épaules robustes, hache à la main – dans un cimetière d'écrivains fantomatiques. Un seul nom manque à l'appel : le prince des poètes, le gros Yahya Kemal, l'amant de sa mère, dont j'aurais pourtant juré qu'il serait le premier sur la liste.

Nietzsche prophétisait le crépuscule des idoles, Nâzım, lui, se chargea de la basse besogne : les démolir. Mais c'est encore trop métaphorique. Une vingtaine d'années plus tard, une secte prendra le mot d'ordre au pied de la lettre, en lui rendant ses accents prophétiques. Au sortir de la Seconde Guerre mondiale, une bande de religieux – qui se réclamait, sans trop de légitimité, d'une confrérie maghrébine – se rendit célèbre en attaquant les bustes de Kemal au marteau, accusant la République d'idolâtrie et mettant le pays en émoi. On s'empressa d'arrêter ces trouble-fêtes et d'envoyer leur leader à l'hôpital psychiatrique ; il n'empêche que lorsque ces illuminés fondaient sur les statues les armes à la main, ils s'inscrivaient dans la digne lignée de Nâzım, de Nietzsche et de Moïse.

*

Disons-le franchement : ce Nâzım-ci, une tête à claques. Pas aimable pour un sou. Un bourgeois conquérant qui joue des coudes pour sa place au soleil, intransigeant polémiste, avide de gloriole rapide, un talent inné de publiciste (il saura décrocher un contrat avec Columbia pour être le premier poète turc à enregistrer un disque), avec quelque chose de kamikaze, de grinçant qui se retrouve dans ses traits quand il raconte ses exploits. Personne ne trouve grâce à ses yeux. Il se pense trahi de tous côtés. Rapidement, le Parti le pousse vers la sortie – trop individualiste, trop nationaliste aussi. Il louvoie, joue de son charisme, organise une éphémère scission mais, lorsque Moscou reprend l'affaire en main, son nom apparaît dans la liste noire de ce même journal qu'il vendait à la criée quelques années plus tôt, accolé à une sentence sans appel : « révisionniste bourgeois ».

Quant aux amis de la bande des quatre, ils se vendent un par un au régime ou à la presse bourgeoise. Ahmet Cevat accède à l'Institut pour la langue turque. Şevket Süreyya accepte une place dans l'administration. Et même Vâ-Nû… Emporté par une rage qu'il ne s'explique toujours pas, Nâzım assassine salement son vieil ami, d'un poème unique, tranchant comme un cimeterre. Vâ-Nû, son camarade, son fidèle compagnon qui avait accepté sans rechigner ce rôle ingrat de Sancho Panza, l'ami de toujours, l'ami d'Istanbul, d'Ankara, de Tiflis, de Moscou, des éprouvantes marches hivernales, celui qui l'a porté quand il tremblait de fièvre sur le chemin de Bolu, l'ombre de Nâzım, qui notait ses poésies, l'admirait quasi amoureusement : ridiculisé, renié, et publiquement avec ça. Car il fallait encore que toute la ville le sache, n'est-ce pas Nâzım ? Ses livres lui vaudront plusieurs procès. Mais pour ce poème-ci, il aurait mérité une sérieuse raclée. Le talent ne pardonne pas tout, Nâzım, et le maigre Vâ-Nû, transi d'admiration pour son compagnon si solaire, mérite-t-il cette mise à mort publique ? En quelques vers, il arrache l'amitié d'une vie comme un mauvais sparadrap, avec la brutalité de ceux à qui l'on a trop promis. Le crime du pauvre homme est impardonnable : crime de lèse-Nâzım. Alors que lui ferraille contre l'impérialisme, Vâ-Nû accepte un emploi dans la presse capitaliste, dans ce journal *Le Soir* dont lui aussi sera par la suite un contributeur régulier, mais sous pseudonyme.

TOI

[…]
Quant à toi, ces jours-là —
tu les trahis
comme une mère qui vend la chair fraiche de ses filles
qui couche avec son fils !

Tu les trahis :
pour dix francs la journée,
pour une paire de babouches en cuir,
            pour un lit douillet
                    et pour le confort
                            de trois cents billets...

[...]

Et de conclure : « À présent, toi et moi, nous ne sommes pas même ennemis. » Pas même ennemis ? Impénitent phraseur, n'est-ce pas toi qui trahis ces années, qui brades l'amitié d'une vie pour le prix de quelques vers ? Il est des mots qu'on eût mieux fait de ravaler, des aigreurs à garder sur l'estomac, des colères à écluser dans la solitude, des feuilles à froisser et à envoyer au bûcher. Au 6, rue 2-ïa Pestchanaïa, sur son mur, il a une photographie de Vâ-Nû et lui quelque part en Anatolie, souriants, perdus sous des couches d'habits hivernaux mais heureux, inséparables. Les steppes se dévident à l'horizon et s'en dégage une impression d'immensité, d'invulnérabilité : la jeunesse, l'amitié envers et contre tout, une tendresse et une légèreté que nous avons tous irrémédiablement perdues avec l'âge. Vâ-Nû n'aura pas un mot de protestation. Pas un mot tout court jusqu'en 1945.

À s'exposer ainsi, à cogner à tout-va, Nâzım aussi prend des coups – et certains touchent si juste que, près de trente ans plus tard, il les porte encore avec l'évidence d'un nez cassé. Deux en particulier. L'écrivain et publiciste du parti kémaliste Yakup Kadri Karaosmanoğlu, attaqué (et d'autant plus aigri qu'il avait eu à subir les foudres du père de Nâzım lorsque ce dernier officiait dans la haute administration), répond en lâchant contre Nâzım et Vâ-Nû l'accusation la plus terrible qui soit : des traîtres, partis en URSS avec l'argent du ministère au plus fort de la guerre. Avant de filer, Vâ-Nû serait en effet passé à Ankara pour toucher une avance sur leur solde. La guerre d'indépendance est le grand acte, la geste fondatrice de la République de Turquie. Ne pas y avoir pris part est déjà suffisamment humiliant, mais s'être fait la malle avec l'argent de la lutte… Quant à l'ancien ami et collègue Peyami Safa, il reprochera à Nâzım d'être pathologiquement attaché à la gloire, de ne devoir celle-ci qu'à la prison et de rester, au fond, un grand bourgeois. Voilà un homme qui avait un brin de psychologie. Les deux sont peu fréquentables, et les critiques se perdent, mais je ne peux m'empêcher de sourire quand il me les raconte avec une indignation intacte. Pour ses bonnes œuvres, il récolte surtout des procès en ribambelle, dans un crescendo crispant qu'accompagne le naufrage de l'Europe dans la Seconde Guerre mondiale.

En 1932, son père décède des vaccins contre la rage et le tétanos injectés successivement à la suite d'une erreur médicale. Fin de partie pour M. Hikmet. De ce père, décidément, difficile de faire un héros. Nâzım se fend d'un poème, c'est la moindre des choses pour la mort d'un parent, mais d'un poème enragé, où il s'en prend au propriétaire du cinéma qu'exploitait son père – l'homme serait venu sur son lit de mort lui réclamer son dû. Ces vers lui vaudront une plainte en diffamation. La même année, il se fiance à Piraye, une amie de sa sœur. Elle a deux enfants, est en instance de divorce, vient de retourner chez sa mère avec un seul bambin sous le bras, le petit Memet. Ils se marient trois ans plus tard, sans fête ni cotillon, et pour les quinze années suivantes elle sera le sujet privilégié de son lyrisme.

Mère au foyer, Piraye porte au plus haut point tous les requis de la respectabilité bourgeoise que, là-bas, on délègue tant aux femmes, avec ce je-ne-sais-quoi de retenue et de dédain qui jure avec les poses bohèmes de notre poète. Ceci n'est pas un jugement : ce n'est pas chose aisée que d'être femme en Turquie. Elle sera d'ailleurs vite mise à rude épreuve par la libéralité tous azimuts de Nâzım. L'argent le harcèle. Le décès du père n'arrange pas ses affaires. On déménage dans une coquette villa qui fut celle d'un pacha, une propriété boisée avec poules et jardin potager dont on ne peut payer le loyer, et l'on s'adjoint la sœur et le beau-frère de Nâzım, la mère de Piraye, son fils, et puis encore sa sœur et son mari, dans une idylle communautaire si intense que la police les accuse un jour d'avoir fondé un kolkhoze. La police viendra d'ailleurs souvent toquer à leur porte et, en mars 1933, Nâzım écope d'un deuxième séjour en prison, séjour prolongé où, tout occupé qu'il était à se faire un nom, il se trouve aux prises avec un problème moins commun : s'en trouver un nouveau.

Le gouvernement impose alors aux citoyens de se choisir un nom de famille, à la mode européenne. Tous les Turcs se ruent sur Inflexible, Brave, Pur Turc, Pur Fer, Acier, Le Roc… Des noms rudes, virils. À leur décharge, ces noms sont sélectionnés à partir d'une liste établie par l'État, qui souhaitait pour ses ouailles des patronymes qui en jettent. Pour lui-même, Mustafa Kemal retient Père des Turcs, Atatürk, et distribue les noms de famille comme des médailles, avec quelques néologismes bien sentis (j'aime particulièrement celui d'Ouvre-Langue donné à un administrateur de la réforme linguistique). Dans la terne intimité des visites conjugales, Nâzım et Piraye cogitent un temps, puis optent pour Ran. Ran ne veut strictement rien dire – cela rappelle vaguement un suffixe gérondif – et, dans cette nouvelle ère de turcisation, les voilà dépositaires de l'un des rares noms de famille dénués de sens. Il n'est pas une anecdote qui me le rende plus sympathique que celle-ci. Là, son goût de la provocation, de la bravade, touche en effet au génial.

À sa sortie de prison, il rencontre sa jeune cousine. Münevver est née à Sofia d'une mère française, éduquée à Marseille, fraîchement débarquée à Istanbul pour entreprendre des études de droit. Elle vient elle aussi d'hériter d'un patronyme flambant neuf : Andaç – quelque chose comme Souvenir ou Mémento. Feu son père, l'oncle de Nâzım, était un proche de Kemal, en vertu de quoi le généralissime lui choisit ce nom empesé de mélancolie. Le poète baisse la voix pour me raconter la sensualité de cet après-midi mondain, le rouge de ses lèvres, le noir de ses cils, le goût renouvelé des cerises, le thé alors plus grisant que l'eau de vie, sa manière toute française de prononcer les « r », ses mains gantées dans du satin… Pour ne rien gâcher, elle est férue de littérature, et d'une intelligence vive, « comme un poison » me dit-il, traduction littérale d'une expression turque qui se passe de commentaire. Le charme et l'esprit de sa lignée maternelle. On met en garde l'impétueuse étudiante, mais rien n'y fait. Leur première liaison, intense, orageuse, durera, par intermittence, jusqu'à son incarcération de 1938. Ce ne sera d'ailleurs pas la seule idylle de Nâzım. On lui prête encore bien des conquêtes – actrices et écrivaines en herbe dont il ne souffle mot. Istanbul ne s'en laisse pas conter ; les taxis de la ville, eux, vous donneront les noms, les lieux, les dates, les heures et inventeront les positions.

*

Malgré ces activités extralittéraires, Nâzım carbure, produit au moins autant qu'il détruit. En sept années de dur labeur, il publie dix livres de poésie – la totalité de ses ouvrages parus en Turquie avant qu'il n'y devienne un paria et que ses œuvres n'y soient interdites. Une telle discipline, ce n'est pas rien. Il faut s'arrimer à sa table de travail, tous les jours, consciencieusement. Quand tant d'autres écrivains s'enlisent dans des postures avec un premier succès, l'éclusent autant qu'ils peuvent en cocktails mondains et puis encore un peu dans des bars interlopes, lui entretient sa sciatique avec une régularité qui force l'admiration. À côté des recueils de poèmes publiés dans la presse, il s'attèle aussi à des textes-fleuves, des poèmes-romans, textes expérimentaux dont les héros sont, successivement, un révolutionnaire chinois, un militant indien, un étudiant éthiopien et un cheikh turc de l'Anatolie médiévale. Si les premiers sont encore tout imprégnés de l'hôtel Lux, les deux derniers, moins russes, feront grand bruit. En 1935, *Lettres à Taranta-Babu* le consacre poète in-ter-na-tio-nal – la chose est d'importance pour lui qui, dans *Le Mois illustré*, moquait l'audience turco-turque de ses aînés. Aragon le remarque, on le fait traduire et, à l'heure des défilés bottés et des haut-parleurs saturés, chacun peut lire :

Mussolini parle beaucoup TARANTA BABU !
Tout seul
complètement seul
comme un enfant
abandonné à l'obscurité
à pleins poumons
surpris par sa propre voix
pris par la peur
enflammé par la peur
sans s'arrêter ni écouter il parle.
Mussolini parle beaucoup TARANTA BABU !
Et plus il a peur
plus il parle !

Un an plus tard, il publie *La Geste de Cheikh Bedreddin, fils du juge de Simavne*, le récit d'une révolte populaire dans l'Anatolie médiévale, menée par un mystique qui aurait prôné le partage des terres et la mise en commun des biens. Moins de cris et de raffut, moins de points d'exclamations, de majuscules, et plus de souffle. C'est un poème tout ce qu'il y a de plus épique qui s'ouvre par une courte citation de Marx et Engels non dénuée de charme (« Pour les bourgeois, leurs épouses sont un outil de production comme un autre. De sorte que lorsqu'ils ont entendu qu'on allait mettre en commun les outils de production, ils en ont naturellement déduit que cela inclurait les femmes»), et s'achève par une pleine page de Lénine, sensiblement plus indigeste. C'est là, sur un addenda intitulé «Fierté nationale», que s'arrête officiellement l'œuvre poétique de Nâzım dans son pays.

*

Avec les années et le succès, avec sa position qui s'améliore malgré les sempiternels procès, avec ce qu'il faut d'embonpoint et de jolies conquêtes, l'enfant terrible des lettres turques arrondit les angles. La discipline de célibataire militant s'érode, comme l'enthousiasme de la vingtaine. Enfin, il vit de sa plume – quoique mal et certes pas de sa poésie. Il court les cachets, écrit sous pseudonyme dans la presse bourgeoise, touche au théâtre, fricote avec le cinéma balbutiant de son ami Muhsin Ertuğrul. Il essaie de faire bouillir la marmite. Dépensier toujours, mais on lui a appris un jour que flamber seyait à son rang. Il fait métier du scandale mais n'échafaude plus la révolution – sa santé ne lui permet pas de risquer à nouveau la prison. Après 1935, il entreprend plutôt une carrière de militant antifasciste. Dans ses articles, qu'il signe «Écrivain anonyme» comme d'autres signeraient «Le Vengeur masqué», il dénonce, en vrac, Franco, Mussolini, l'Allemagne nazie, les Croix-de-feu françaises, le manque de dispensaires à Istanbul… et ce, sans trop se mêler des affaires d'Ankara.

Il fait bien, car le régime se durcit à mesure que la santé de

Kemal décline. Cette République qui avait commencé dans une courte passion avec le communisme soviétique fricote aujourd'hui avec le nazisme allemand. Le chef d'état-major, Fevzi Çakmak, vieillard bigot, partisan d'une alliance avec l'Allemagne, devient de plus en plus prépondérant. Nâzım comprend que le milieu qui le protégeait perd la main tandis qu'une clique d'officiers fascisants accapare le pouvoir, mettant la Turquie au diapason d'une Europe hypnotisée par la force et la violence. Ces derniers sont nettement moins bien disposés à son égard. Au prochain faux pas, ils se payeront son scalp – ils n'aiment pas les casse-pieds. Inquiet, Nâzım va jusqu'à faire un tour à Ankara, en mai 1937, pour rencontrer le ministre de l'Intérieur, Şükrü Kaya, qui n'était pas un illettré mais pas non plus un homme de cœur – il avait supervisé sans sourciller le génocide de 1915. Comme nom de famille, il s'était d'ailleurs attribué le ronflant Le Roc. La rencontre ne va pas sans heurts, quoiqu'entre gens bien nés, anciens de Galatasaray. « Nous vous avons prévenu plusieurs fois, monsieur Hikmet » : le ministre prend congé sur une menace et Nâzım en prend bonne note. La fougue kamikaze de la jeunesse lui est passée, le navire tangue, il a beaucoup à perdre. On lui propose de s'installer à Ankara, de mettre son talent au service de la cause nationale et, pourquoi pas, de mettre en vers cette magistrale épopée contemporaine que fut la guerre d'indépendance. Il le fera, mais en prison.

Quand un jeune élève-officier de la Marine se présente à sa porte pour lui demander d'être son maître en communisme, il le congédie sans manières. D'ailleurs, il soupçonne une machination pour le faire tomber : un militaire qui lui déclare sa flamme, la ficelle est grosse. Sauf que, trop fier d'avoir lu dans le jeu de ses adversaires, Nâzım veut encore le faire savoir – briller, plastronner, toujours – et commet une bourde monumentale. Il rameute toute la maisonnée autour du téléphone et appelle directement la Sécurité intérieure : « Dites donc, messieurs, n'avez-vous pas honte d'embrigader des gamins dans vos manigances grossières ? Arrêtez ce genre de choses, je ne tomberai pas dans le panneau. Comme je l'ai dit à votre ministre, vous n'avez pas à vous inquiéter, mon seul communisme est dans mes œuvres, je veux uniquement pouvoir travailler en paix. » Il raccroche, très fier. Or, le jeune homme n'a rien d'un espion. La police prend bonne note de l'affaire, et quand l'élève-officier se présente de nouveau au domicile du poète, il est cueilli à son retour, avec treize de ses camarades. Tous avouent avoir lu des poèmes de Nâzım, en avoir même discuté. L'écrivain est alors inculpé pour appel à la sédition communiste dans l'armée. C'est un crime, relevant de la justice militaire. Dans une république fondée par des généraux mutins, l'adhésion idéologique des officiers sera toujours scrutée comme le lait sur le feu. Avec ce coup-là, le chef d'état-major grille la politesse au pouvoir civil et place ses pions dans la lutte qui s'annonce pour la succession de Kemal.

Le 17 janvier 1938, on vient le chercher chez lui. Piraye reste droite comme un clou. À la suite d'un procès militaire à huis clos, Nâzım sera condamné pour incitation à la révolte dans les forces armées. Tout ça pour une histoire de livres qui traînaient dans les casernes. Ceux qui vivent par la plume… On en appellera à la grâce de Kemal, alors trop occupé à solder ses comptes avec l'existence. Quand le grand chef décède, en novembre 1938, sont organisées des funérailles nationales que le poète aura l'autorisation de suivre à la radio, assis à même le sol glacé et humide de la prison de Sultanahmet, l'une des plus illustres d'Istanbul.

6

Engelures

Après un dimanche à écrire, je suis de retour sur le divan de Nâzım. En une longue matinée de travail et de thé, il me raconte cet éreintant chemin de croix qu'est l'année 1938. Quand la police l'attrape sans ménagement, elle le place à l'isolement. Pas une couverture, pas un matelas, pas de nouvelles de l'extérieur. Deux mois durant. Deux longs mois qui seront les plus rudes de ses nombreux séjours derrière les barreaux. La justice militaire est expéditive, plus militaire que juste, l'absence de preuve comique. Nâzım, vent debout contre l'injustice, tient là son plus beau rôle. À ceci près que les militaires l'ont privé de public. Vingt-cinq ans plus tard, c'est donc enfin pour lui l'occasion de donner à la scène une audience plus large, raide dans son fauteuil, articulant et répétant consciencieusement les formules qu'il souhaiterait me voir noter. Je consigne de mauvaise grâce ses faits d'armes, les réponses claquantes, les injustices criantes, l'humour mordant du héros acculé mais sûr de son droit, intimement convaincu qu'il s'en sortira, et ce jusqu'à l'annonce du verdict, le 29 mars à 10 heures : quinze ans. Là encore, Nâzım est optimiste. Il fait appel.

Rejeté. Le 29 août, il est condamné à vingt ans de plus. Nouvel appel, nouveau rejet, prononcé le 29 décembre. Il n'y croit toujours pas – comme les fois précédentes, cela finira par s'arranger. C'est là, sur le promontoire de l'espérance, qu'il s'interrompt.

Je le perds un temps dans la béance de la fenêtre, puis, distraitement, il allume la radio au moment où des chœurs impeccables attaquent un Kyrie. Il n'est pas midi mais Nâzım a faim et veut sortir. Arrivé au pied de ces années de prison, il a surtout envie de se dégourdir les jambes. Nous allons déjeuner chez l'Arménien. L'on grelotte chaque fois qu'un client passe la porte. Le patron insiste : il faut goûter le *topik* – pommes de terre, pois chiches, sauce de sésame, raisins confits. Difficile de lui donner tort, c'est à se damner. Mais il nous sert également l'écrasé d'aubergine, les poivrons farcis et le baklava. Qui sont de trop. De même que la liqueur de cerise. On rentre, repus et silencieux, quand Nâzım s'illumine :

– Avez-vous au moins rendu visite au camarade Lénine ?

Non, je n'avais pas eu cette curiosité. Ni celle d'ouvrir ses livres, à l'exception de *L'Impérialisme, stade suprême du capitalisme* qui m'avait fait forte impression.

– Alors, venez, direction la place Rouge. Mon garçon, ne vous laissez pas rebuter par la neige crasseuse et les visages fermés, il vous faut palper Moscou, écouter la ville les yeux grands ouverts. Les marteaux des ateliers, la sueur, les tavernes, les insultes qui fusent, les chansons aux portes des boutiques, les mégères qui se crêpent le chignon. Si vous l'aviez vue en 1922 ! Un chaudron. Pauvre à ne pas trouver un quignon de pain pour souper, mais fièrement dressée devant les impérialistes du monde entier. Des hommes forgés pour un siècle nouveau. Aujourd'hui, elle est étouffée par des bureaucrates occupés à ériger et démonter des statues. Lénine, lui, n'avait que faire de statues.

Une seule ligne d'un métro futuriste et l'on arrive sans engelure devant le mausolée du grand homme. Je n'ai aucun talent pour les descriptions, mais Dieu sait si la Grand-Place moscovite mériterait que l'on s'y essaie. Pour ma part, je jetterais volontiers un œil à Basile-le-Bienheureux, fantaisiste cathédrale de maître pâtissier qui détonne avec à peu près tout ce que j'ai vu, mais Nâzım dédaigne ostensiblement ce qui s'apparente de près ou de loin au religieux. Lénine donc, qui repose au pied du Kremlin, embaumé comme une momie, exposé tel un saint – quoique l'Église elle-même a des pudeurs que le Parti ne se connaît pas –, Lénine avec son visage de Tatar, son teint d'un jaune cireux et son front démesuré. Drôle de destin que de finir ainsi exposé aux quatre vents.

– En voilà un homme qui a transformé le monde. On a veillé sa dépouille une nuit durant avec les camarades, fusil en main, dans un froid polaire. Au nom de l'université. Il y avait des ouvriers, des soldats, des poètes… Dehors, ça buvait, ça déclamait du Pouchkine… Oui, oui, vous pouvez noter : la nuit du 21 janvier 1924, pour la mort de Lénine, Nâzım Hikmet est à Moscou, étudiant à l'université communiste des travailleurs de l'Est, et il veille le corps du plus grand révolutionnaire que notre ère ait connu. Une ville entière en deuil, c'est une expérience, mon garçon. Un grondement. Jusqu'à la plus misérable des rues : « Lénine, Lénine ! » Rendez-vous compte. Combien d'heures avons-nous passées à le lire, le commenter. Aujourd'hui encore, dès que j'en ai l'occasion, je me replonge dans ses écrits.

Marx, Engels, Lénine... C'étaient pour moi des lectures tardives, cursives, qui m'écrasaient quelque peu.

– Nâzım *bey*, ne risquez-vous pas de finir également en momie ?

– Dieu m'en préserve ! Ils en seraient capables, remarquez. Je ne suis déjà plus guère qu'un totem qu'on promène de congrès en conférence. Oui, un totem, c'est tout à fait cela. Allons, allons, vous me prenez pour un candide mais j'ai appris la propagande à bonne école. Croyez-vous que je ne sais pas qu'ils censurent mes poèmes ? Je connais tout de même assez de russe pour ne pas être dupe. Mais que voulez-vous ? Véra souhaite voir du pays. Je n'aime plus Moscou. Rester entre quatre murs me terrorise au bout d'un mois. Et je ne sais plus si j'ai tout à fait le choix – ou la force de lutter.

Nouvelle absence. Puis, à brûle-pourpoint, sur la place :

– Avez-vous eu l'occasion d'assister à un enterrement en Turquie ?

Mon séjour stambouliote ne m'avait pas mené à de telles extrémités, mais à de longues déambulations dans les cimetières de la ville, autant d'îlots de verdure où parfois les migrants d'Anatolie ont pris leurs quartiers.

– Je rêve souvent d'un enterrement ces derniers mois. Celui d'un camarade, ou d'une connaissance, je ne me souviens pas. C'est une bien belle chose que nos coutumes. Avant de prendre congé d'un homme, on demande à l'assemblée de lui pardonner ses fautes. Puis on place le linceul à même la terre, sans cercueil, juste un drap entre le corps et la terre d'Anatolie, cette terre où prendront racine les blés de demain.

D'un camarade ou d'une connaissance ? Quant à moi, qui ai mis en terre mon père si récemment – sous les cyprès et un ciel d'une clarté enivrante –, je sais de quel mort je rêve. Malheureusement pour lui et pour moi, je l'imagine aujourd'hui plutôt en festin pour les vers qu'en épis de blé. De l'enterrement du sien, survenu en 1932, Nâzım ne mouftera jamais mot. Des péripéties qui l'entourèrent, oui, mais rien sur ce temps rituel si nécessaire aux vivants.

Nâzım frissonne :

– Une momie, quelle sombre idée.

La perspective le perturbe.

– À l'époque, Moscou était une immense kermesse, la première ville au monde pour ce qui est du théâtre, une expérimentation à ciel ouvert. On avait le ventre vide et les doigts gelés mais, à chaque coin de rue, des camarades tentaient d'innover, d'inventer de nouvelles formes scénographiques, un art prolétarien, un théâtre proprement révolutionnaire. Aujourd'hui, les théâtres sont confortablement chauffés mais les scènes sont tenues par des courtisans frileux et du plus mauvais goût. De révolution, d'expérimentation, ils n'en veulent plus. Mon *Y a-t-il eu un Ivan Ivanovitch ?*, ils l'ont joué cinq fois, et puis ils l'ont enterré. Des mois de travail et qu'est-ce qu'il en restera ? Je n'en sais fichtre rien. L'avez-vous lu, au moins ?

Je réponds que je ne connais pas le russe, langue dans laquelle la pièce fut jouée, il rétorque qu'elle a été traduite en français, publiée il y a de cela cinq ans et je maudis mon impréparation.

– Ah, vous le verrez, il ne suffit pas d'écrire, il vous faut encore une femme, des amis, une bande qui œuvre pour vous, toute une petite industrie pour avoir quelque espoir de vous faire entendre. Ou alors, pour les moins talentueux, un État tout acquis à votre cause.

Je lui fais remarquer qu'il est, en la matière, entouré à merveille, qu'à Paris ses poèmes sont traduits dès réception, que j'ai cru voir des éditions de ses œuvres dans la plupart des langues européennes, et que, d'ailleurs, l'État soviétique…

– Vous pensez que c'est pure vanité de ma part, n'est-ce pas ? Je suis poète, mon garçon, pas soldat. Je suis un poète turc en plein Moscou. Je pourrais écrire en russe, c'est ce que voudraient les bureaucrates soviétiques, et les militaires turcs avec eux. Les seconds préfèreraient encore que je n'écrive pas, les premiers voudraient pouvoir écrire à ma place. Ma résistance, ma seule résistance, elle est dans ma langue. Les traductions, ce sont mes lignes de vie, mes perfusions, celles qui me permettent de tenir dans cet exil.

Le froid devient difficilement tolérable. Il ne regarde pas la ville mais ne veut visiblement pas rentrer et marche avec une telle lenteur que je lutte pour ne pas l'abandonner sur place. Avant que je ne perde mes doigts, on se réfugie dans le lobby d'un hôtel, d'où il passe un appel. Il revient tout sourire :

– Nous sommes invités !

Il hèle un taxi et je me dois de noter qu'il fera à chaque occasion montre d'une complicité jamais feinte avec les petites gens. La prison a peut-être ses vertus. On traverse la ville qui n'en finit plus.

Notre hôte est un conseiller de l'ambassade de Turquie, éphémère condisciple du lycée de Galatasaray et compagnon des luttes contre les puissances européennes qui occupèrent Istanbul, des manifestations sur la place Sultanahmet, des tracts nuitamment placardés… Il y a de cela fort longtemps. Chemise tendue sous la pression d'un ventre soigneusement entretenu, moustache fournie, Ahmet *bey* est aujourd'hui parfaitement accordé à son appartement, garni avec ce mauvais goût compassé de l'ancienne bourgeoisie stambouliote : buffet verni, verres en cristal, napperons brodés d'un blanc étincelant et salon d'apparat que l'on préfère garder sous draps plutôt que risquer la poussière et l'usure. J'apprends à l'occasion que l'ambassadeur en personne, un certain Fahri Korutürk, ancien amiral en chef, est un condisciple du poète au Lycée naval, de deux ans son cadet, qui fut dignement bizuté par la bande à Nâzım. Il en a gardé respect et rancune, qui sont les deux mamelles de la vie militaire. Je m'étonne de savoir mon poète si proche des officiels et notre hôte en ricane :

– Attention, s'il met un pied à l'ambassade, hop, en prison. Mais ça ne nous empêche pas de festoyer en dehors. Il en a bien besoin, il a le mal du pays. Ne te laisse pas berner par ses airs, par ses yeux bleus et ses cheveux châtains. Polonais, lui ? Il est turc tout autant que nous, et gratiné avec ça. Pourquoi crois-tu qu'ils soient partis à Moscou, avec Vâ-Nû ? Pour l'émancipation du prolétariat international ? À d'autres ! Crois-moi qu'ils s'en tapaient. Je les connais depuis gamin. Pour les filles, monsieur, pour les filles. De vrais Turcs dans l'âme ! Nous, jeunes garçons fringants, quittions à peine les jupes de nos mères pour nous initier au *rakı* quand les Russes blancs, la grande aristocratie qui fuyait la guerre civile, ont débarqué à Istanbul avec leurs diamants, leurs uniformes, leurs majordomes, et ce fut une avalanche : une classe comme on n'en avait jamais vu, de la vodka, des restaurants grand luxe, de l'argent, des titres de noblesse. Un port de tête. Les musiciens, les danseurs, le ballet du tsar. Et des femmes, des femmes d'une pâleur, blondes... d'une autre planète. Des princesses, surchargées de bijoux, de fourrures, bottes en cuir, fardées. Avec une grâce et un snobisme qui nous coupaient la chique. Et elles se baignaient ! Personne ne se baignait à Istanbul, nos femmes moins que les autres, voilées et fagotées comme des sacs qu'elles étaient. Alors, lui se raconte peut-être bien qu'il est parti pour l'amour de l'humanité ou du camarade Lénine, mais permettez-moi de sérieusement en douter ! Remarquez : ils ont dû déchanter quand ils ont compris que les ouvrières et les paysannes mal nourries de Moscou ne possédaient pas la superbe de nos aristocrates qui avaient, elles, toutes fichu le camp. N'est-ce pas, Nâzım ?

– Que veux-tu, Ahmet,

> J'aime les belles femmes,
> J'aime les femmes ouvrières ;
> Les belles femmes ouvrières
> Je les aime plus que tout.

Le poème d'Orhan Veli suscite les applaudissements de son compagnon.

– Ahmet est un filou, un bon vivant, mais pas un mauvais

bougre. Une envie de se rebeller le démange, mais il reste au bout du compte toujours docile.

– Je préfère la table à la gloire, Nâzım, chacun son poison.

On discute d'Istanbul, de la Turquie, de la politique du Premier ministre İsmet İnönü que Nâzım ne porte pas dans son cœur, de son prédécesseur Adnan Menderes que les officiers putschistes ont pendu haut et court deux ans plus tôt. On m'explique tous les ressorts du violent coup d'État de 1960 qu'eux n'avaient pas accueilli avec trop de réticence : un coup de pied dans la fourmilière… Ils commentent le succès du prédicateur Saïd Nursî et le retour de cet islam qu'on croyait remisé pour de bon. Puis ils s'entretiennent des amis communs, de toute une effervescence stambouliote que Nâzım vit maintenant par procuration, via une multitude de contacts. Il s'enquiert du peintre Bedri Rahmi Eyüboğlu, de ce Turgut Uyar dont on parle, de ce Tanpınar dont il a entretemps achevé le roman. À Istanbul, aujourd'hui, règne le vers libre, un style à la Nâzım. Ses poèmes circulent malgré l'interdiction, ils sont lus, recopiés, imités. Notre hôte a sorti le brandy et lui fait honneur. Il ne sait plus grand-chose de ce milieu bohème qui à présent l'indiffère royalement, mais Nâzım s'accroche à chaque miette avec une nostalgie palpable. Ahmet préfère taquiner la bouteille et l'étranger :

– Il a beaucoup écrit, notre Nâzım, énormément, un vrai Turc, on en est tous très fiers à l'ambassade. Mais tu sais quoi ? Nous, on écrit encore plus sur lui : des dossiers entiers. Tu veux écrire un livre ? Viens nous voir, on a des classeurs complets d'informations de toutes sortes : mariages, divorces, concubines, fréquentations, médicaments, cellules du Parti, cellules de prison… Si tu veux plus, va voir les Soviétiques. Alors eux! D'ailleurs, ne t'embête pas à prendre des notes: ils t'enverront leurs cassettes!

– Ahmet, arrête de lui faire peur, mon appartement n'est pas sur écoute.

– Pas sur écoute, mon petit Nâzım, mais qu'est-ce que tu racontes? Tout Moscou est sur écoute! Ils écoutent tellement qu'ils ne savent plus quoi faire des enregistrements. C'est pour ça qu'ils te font voyager: pour que le type à l'autre bout puisse prendre une pause. Ils t'envoient à une autre division: «Allez, c'est votre tour.» Pour le Comité central, le monde se divise en quatre catégories: ceux que l'on surveille de loin, ceux que l'on surveille de près, ceux que l'on surveille de derrière les barreaux et ceux à six pieds sous terre, que l'on ne surveille plus, ou moins, puisqu'ici même les morts posent parfois problème.

Il rit, d'un rire franc qui le secoue des pieds à la tête. Nâzım non. Quant à moi, je me demande avec angoisse quelle est la probabilité qu'un Russe me grille la politesse avec une biographie autrement mieux informée. À l'hôtel, sur la table qui me sert de bureau, le manuscrit s'épaissit à une vitesse étonnante. Alors que son compagnon part chercher une seconde bouteille, Nâzım se retourne vers moi et me glisse:

– Tu sais comment on l'appelait à l'école? *Tombul Ahmet.* Bouboule Ahmet. Ahmet la boule. Le gros Ahmet. Il pouffe de bon cœur. Ce qu'il ne me dit pas, c'est que lui, joufflu qu'il était, on l'appelait «patate». Et quand Vâ-Nû me raconta ce détail, en bras de chemise dans une Istanbul écrasée de chaleur, il pouffait de l'exacte même manière – avec cette méchanceté naïve et décomplexée qu'ont les enfants.

*

À la nuit tombée, la seconde bouteille éclusée, on se met en chemin vers une taverne tenue par des Ouzbeks de Tachkent, des Turcs donc, des frères – tous les hommes sont ses frères, mais les Turcs un peu plus. Après une éternité à rouler dans la neige crasseuse, on s'arrête devant une porte épaisse et comme d'un autre temps. Nâzım, la main sur la poignée : « C'est moi qui rince. » Ce soir, ce sera :

Brandy
Soupe
Caviar
Pyramides de grillades
Accordéon aigrelet et survolté
Saumon, esturgeon, hareng en salade
Les clients ivres dansent entre les tables
Nous pas
Ces gueules centrasiatiques : cadenassées, illisibles pour moi
Muettes comme des idéogrammes
Là-dessus : verres de vodka
Allez-y, ça ouvre l'appétit
Au huitième on se croit à Tachkent
Mangé pour trois jours et vomi toute la nuit.

7

Piraye, viens. J'ai besoin de toi

Douze années de prison : 1938-1950. Après des jours – des semaines – à brosser le portrait de ce fanfaron infidèle, vaniteux, caqueteur, moi aussi, je l'aurais bien laissé cuver son arrogance quelque temps entre quatre murs. Mais douze ans ? Douze longues années à écrire, à macérer, à attendre. À dompter la solitude surtout, une solitude qu'il avait toujours fermement jugulée – lui, l'homme de bande, le chef de groupe. Même en prison, il prend les choses en main, en homme volontaire, car certains doivent bien tracer la voie pour les moins aptes. Il organise son petit groupe de prisonniers comme une salle de classe – économie politique, français, lecture de Baudelaire... – et son quotidien comme une journée d'usine – réveillé à 8 heures, thé et journaux, à 10 heures gymnastique, puis, jusqu'à midi : lire, écrire, peindre et penser, repas à midi puis même chose jusqu'à 7 heures, on dîne d'un yaourt et de moût de raisin, au lit à 9 heures, on s'endort quand on trouve le sommeil, rarement avant minuit. Il tient salon parmi les quelques écrivains de la prison, les gardes illettrés le sollicitent, qui pour écrire à sa mère, qui à sa fiancée, qui aux impôts. Il se force à rédiger des missives avec régularité et discipline – au moins trois par jour – et transforme sa cellule en annexe de bureau de poste. Il accepte aussi tout ce qu'on lui propose, piges, traductions, scénarios, s'étourdit d'autant plus de travail qu'il lui faut encore gagner sa vie, payer les quelques extras et surtout subvenir aux besoins de Piraye – non, elle ne travaillera pas, Nâzım est un communiste, soit, mais également un homme turc d'une autre époque.

Alors qu'il suit à la radio le déchaînement d'une seconde guerre mondiale, il se lance dans un récit épique et tout à fait patriote de la guerre d'indépendance. Une épopée, c'est précisément ce que lui avaient conseillé d'écrire ces messieurs d'Ankara quand il les avait visités pour arranger ses affaires, et peut-être pense-t-il un temps que cela va le tirer de sa mauvaise passe, que quand ces braves gens en liront le tapuscrit ils comprendront leur erreur : tout cela fut une formidable méprise ! enfin, notre poète national, en prison ? encore un coup du chef d'état-major, ce vieillard tout en médailles qui n'a jamais ouvert que le Coran ! Et tout le monde en rira de bon cœur. Il fait circuler en hauts lieux quelques pages édifiantes, sans résultat, et décide alors de s'atteler à un chef-d'œuvre, un authentique chef-d'œuvre, qui enfle et se dilate au fil des années de prison, au risque d'imploser : un projet d'encyclopédie des gens du peuple, de ceux dont on ne retrouve jamais les noms dans les livres d'histoire, devient une vaste fresque de l'Anatolie mais vue depuis le microcosme d'un wagon de troisième classe en partance de la gare de Haydarpaşa, fresque dans laquelle il coud opportunément son récit de la guerre d'indépendance. Des années plus tard, après que l'URSS aura coupé les ponts avec le Troisième Reich, il lui adjoindra également des scènes du front de l'Est, de partisans communistes luttant contre le nazisme. L'ensemble reste inachevé mais a déjà un nom : *Paysages humains de mon pays*. Pour fondre ces matériaux disparates en un seul texte, il se fait romancier, architecte, plus-que-poète, développe une écriture cinématographique, des travellings littéraires, du jamais-vu, ce sera une forme nouvelle, une épopée magistrale, celle du « chapeau bas, messieurs », celle du « j'en reste sans voix » – la version pour grandes personnes du « n'est-il pas a-do-rable ? ». Il me narrera dans le détail les péripéties de son grand œuvre qui attend encore son heure, en pièces détachées, entre Moscou et Istanbul. J'avoue n'avoir écouté que d'une oreille : j'ai peu d'appétence pour l'épopée, et puis je me méfie des grands œuvres qui ne sont que le miroir de la folie des écrivains.

Pendant deux ans, Nâzım espère. Quoi, au juste ? Il ne sait plus trop bien, l'habituel rebondissement, une amnistie, une surprise, une guerre, une grâce présidentielle, une évasion rocambolesque, un tremblement de terre, mais quelque chose. Il le sait. Sa bonne étoile, son génie… Il est fait pour un autre destin, pour une vie plus grande. Deux années durant, il espère.

Dans la vie, on se donne des alibis, des choses à faire, des distractions et des hochets. C'est tout à notre honneur. Un jour, cependant, sans crier gare, ils cessent de faire effet. Un jour, le fantasme cède sous le poids du quotidien et quelque chose vous rattrape, de trop longtemps ajourné.

Alors, le corps lâche, vous renie, fait désertion. Ça disjoncte de partout. Grand déballage de ce qui couvait, des dettes accumulées envers ce pauvre compagnon de route. Pour Nâzım, ce sera le cœur, puis les yeux, puis les reins : un abandon en rase campagne, à se pendre de rage. Comme une sortie de scène. De son propre corps, on n'attend certes pas ce genre de silencieuses trahisons. Et alors, où trouver les ressources ? Contraint et forcé, il réduit la voilure. Lui qui courait le monde comme un héros de Jules Verne, son univers se rétrécit, se ramasse, se condense. La lampe allumée, la lampe éteinte, les meurtrissures du mur, le lit défait, le lit refait, la montagne d'en face sous la pluie, la montagne d'en face sous la neige. Le temps aussi se contracte. Vient l'ennui, qu'on ne peut fuir qu'un temps. L'ennui rend attentif, aiguise les sens. On s'y installe. Puis, on glisse en deçà de l'ennui. Et encore en deçà : là où peu s'aventurent – et personne par choix, sinon les mystiques. Alors apparaissent, un à un, dans la pénombre, les fantômes du passé. Ceux qu'il ne voulait pas voir – ceux qui font que l'homme ne peut rester seul dans sa chambre. Et nulle part où les fuir. Ne reste qu'à les apprivoiser. Supporter dignement leurs plaintes et leurs reproches. Ils ne le quitteront plus – je les vois encore autour de lui, il les épie, les regarde avant de répondre. Des monstres, des terreurs tapies au fond de soi et à soi inconnues qui prennent du poil de la bête et un ascendant sur vous. C'est la saison des cauchemars, des réveils en nage.

Dans un naufrage d'une lenteur affligeante, Nâzım relit ces poètes persans de son enfance, les Rumi, les Khayyam, les Ghazali. Ceux qui occupaient le bureau de ce grand-père qui les récitait de mémoire avec une solennité et un mystère d'un autre temps, et leur musique se confondait alors avec sa barbe blanche. Aujourd'hui, il en comprend chaque vers, chaque silence – enfin contemporains à travers les siècles. Des camarades poètes somme toute. Et terriblement de saison. Poètes de la vanité du monde, de la finitude, du temps qui passe, de l'indicible jouissance d'être, de la joie désabusée et mélancolique. Du manque aussi, de ce sens qui toujours vient à manquer. Nâzım renoue en catimini avec cette complicité turco-persane qui a toujours nourri la littérature stambouliote. Et, à travers elle, avec cette spiritualité mystique de son grand-père, qui est d'abord contemplation de la mort, *memento mori*. Il côtoie surtout Khayyam, le mathématicien, astronome et poète du XIe siècle, en bute à un clergé hostile pour ses vues libérales. Ils dialoguent en confrères. Cela est plus parlant aussi pour ses compagnons de prison, surtout les moins éduqués, car cette littérature mystique est la jugulaire de la poésie anatolienne, de la vie de ces villageois toute de résignation ; même Hüsnü le boucher, qui étouffa un peu par hasard sa femme infidèle (ou ainsi le suspectait-il), goûtait cela avec un air de connaisseur. Jeter par-dessus bord Dostoïevski, Pouchkine et tous les encombrants classiques comme le prescrivaient Maïakovski et sa bande, soit, mais quand le navire prend l'eau, que la tempête gronde et que la vie ne tient qu'à un fil, ne faut-il pas quelques légères bouées auxquelles se raccrocher ? Et, alors, les expérimentations futuristes ne sont que piètres consolations. Que ce ne soit que dans les douloureuses solitudes, dans la vie estropiée que l'on puisse soupeser adéquatement le prix des choses, voilà l'une des plus secrètes injustices de l'existence.

Quand d'autres poètes de sa génération s'essaient aux haïkus japonais, lui se frotte donc à l'ancienne poésie persane, à ces quatrains ramassés que l'on nomme *rubai'at*. Il n'y excelle pas. L'extrême concision, la discipline des formes fixes, le sous-entendu, la tendre ironie, la densité du non-dit, ce n'est pas pour lui. Cet abandon de soi non plus. Y transparaît malgré tout une lucidité à laquelle il ne parviendra que rarement – là n'est pas la qualité première de ses poésies. Celle-ci par exemple :

> Qui sait, peut-être ne nous aimerions-nous pas tant
> si nous ne regardions nos âmes d'aussi loin.
> Qui sait, si le sort ne nous avait séparés
> peut-être ne serions-nous pas si proches…

Bien sûr, il ne peut s'empêcher d'y fourrer son optimisme forcené, de vouloir faire mieux que ses illustres prédécesseurs, de faire la leçon à Ghazali et Rumi. De marxiser. Toujours ce nombrilisme, ce modernisme acharné, cet ego impérieux qui m'insupporte mais qui, plus d'une fois, lui sauvera la mise. Il y trouve néanmoins un ton qui infusera ses poèmes suivants, ainsi que le goût des formes courtes, et même du *mani*, ces quatrains populaires que tout un chacun écrit, pas dignes d'un poète de sa trempe. C'est tout son être qui se condense, rapetisse et tend vers une intensité qu'il ne soupçonnait pas.

*

Dans l'hagiographie de l'un des saints les plus vénérés et les plus bigarrés d'Anatolie, le disciple récalcitrant est mis à cuire dans un énorme chaudron, pour trois fois quarante jours. Ce qu'il faut de cuisson pour une renaissance. Il en ressort poète.

*

Que dire de plus ? Exception faite des quelques mois aux mains des militaires, il ne connaîtra pas l'extrême solitude, et jamais la torture – Nâzım passera toujours au travers de ce qui constitue l'ordinaire des militants politiques du pays. Mais douze ans, bon Dieu, douze ans ! Douze pleines années uniquement scandées par les mêmes barreaux rouillés, les mêmes visages terreux de geôliers ignares, les mêmes brimades (un peu d'imagination que diable !), la médiocrité tous azimuts, le même thé noir qui macère toute la journée – alors âcre comme l'enfer mais on le boit quand même, parce que sinon, que faire ? –, les mêmes cigarettes bon marché extorquées une fortune. Et puis ce passé qui se délite, les relations qui s'effritent, les vivants qui, eux, ont une vie à vivre. Les visites de Piraye se font de plus en plus rares, elle devient de plus en plus distante, lui de plus en plus pressant. Douze ans. À force, on n'arrive plus même à se souvenir du corps d'une femme pour se satisfaire.

Piraye,
Viens. J'ai besoin de toi.

Et puis, un jour, il se réveille, plein été, dans les draps une femme nue qui n'est pas la sienne. Pubis de satin sombre et ventre de sumo : enceinte. Les cinémas diffusent des romances en plein air, les gosses plongent dans la mer en criant à tue-tête, les riches filent vers les îles. Les matinées sont de pastèques, de tomates, de concombres et d'olives. Poissons et *rakı* lui font de l'œil dans les tavernes de Kuzguncuk et de Çengelköy. La ville n'est plus cette vieille dame décatie qu'il a quittée mais un ventre jamais rassasié qui ingère des dizaines de milliers de villageois débarquant avec trois tapis, deux poules et autant de gosses, qui font leur trou et filent travailler à l'usine. La vie est belle, elle bourdonne à en faire mal aux oreilles, grosse de tant de promesses qu'on ne sait lesquelles saisir.

*

Nâzım va trop vite, il galope. Mais ne faut-il pas raconter les choses dans l'ordre ? À moi revient donc de colmater la chronologie et de restituer les faits. Après diverses cellules militaires et civiles aussi crasseuses que temporaires, il est transféré de Çankırı à Bursa pour des raisons médicales, dans un établissement plus confortable, plus proche d'Istanbul également. Piraye, néanmoins, est récalcitrante à venir. Elle a ses propres problèmes, ne supporte plus ces rencontres sordides sous bonne garde pour qu'il fasse son affaire. La vie est dure à l'extérieur. Il faut payer le bois de chauffage, les vêtements de sa fille Suzan et de son fils Memet qui grandissent à vue d'œil… Aux portes du pays, la guerre fait rage. Si, malgré une tentation allemande à l'orée du conflit, la Turquie reste attentiste, elle n'en subit pas moins les privations, le rationnement, la crise économique. Et puis en 1945, convaincue par les Américains, elle rejoint le camp du Bien, vainqueur de la onzième heure.

Court le bruit d'une amnistie, on attend, elle ne vient pas. Mais arrive une lettre de son ami Vâ-Nû, pas bégueule, qui renoue avec lui, après plus de dix ans à digérer ce poème criminel. L'ami d'enfance fut un temps ennuyé par la justice, s'est remarié, s'est fait traducteur et auteur de policiers où l'inspecteur Yılmaz Ali traque le crime stambouliote dans des scénarios que l'on dit pompés sur l'Américain John Dickson Carr – c'est quelque chose qui se fait, les temps sont durs et les Turcs bon public. Il vient à Bursa, et le directeur de la prison leur prête son bureau le temps d'un dîner. Les deux amis appréhendent les retrouvailles. Nâzım a mis un costume, une inconfortable cravate qui le serre. Vâ-Nû, mon frère, merci. Il veut l'impressionner, cacher la misère, demander pardon. Ils ne se disent rien mais se serrent fort dans les bras et pleurent un bon coup. Tout est pardonné. Ils s'écriront jusqu'à sa sortie de prison. Quelques années plus tard, en 1949, alors que circule de nouveau une rumeur d'amnistie, c'est sa cousine Münevver, l'amante orageuse des années trente, qui renoue avec lui. Nâzım est convaincu qu'il doit cette visite à sa mère, sa mère francophile n'ayant jamais pu piffrer cette petite-bourgeoise de Piraye qui n'y entend rien à l'art. Münevver est mariée avec Nurullah Berk, peintre constructiviste et talentueux, une sorte de Georges Braque en plus coloré. Elle a une fille, Renan. Après ces années de solitude, la vieillesse qui le guette, Nâzım y voit comme un nouvel espoir. En une lettre, il se sépare de Piraye, demande le divorce. Il veut épouser Münevver. Maintenant, en prison, puisqu'on s'aime. Münevver hésite, elle hésite à divorcer, à perdre la garde de sa fille pour un homme qui, quels que soient les espoirs que l'on nourrit, reste malgré tout en prison. Elle tarde à répondre. Nâzım tourne dans sa cage, il enrage, prend peur, n'en dort plus et retourne penaud à Piraye à qui il écrit des lettres d'excuses déchirantes, des lettres gluantes de contrition, en vient à prendre le jeune Memet à parti – Nâzım, c'est ton beau-fils, pas ton ami. Piraye, dignement – digne, un adjectif qui résume cette dame –, coupe les ponts.

Désespéré, abandonné par les deux femmes à la fois, sans nouvelle de cette amnistie que tout le monde lui fait miroiter, il entame en 1950 une grève de la faim – plutôt martyr qu'oublié dans la cave de l'histoire –, grève que j'avais pour ma part suivie depuis Paris. Un ancien codétenu, peintre de son état, raconta à un écrivain turc, qui l'avait raconté à un écrivain français, le désarroi des prisonniers les plus pauvres face à ce produit d'importation : un jeûne ? Le maître avait-il enfin accepté les préceptes du Prophète ? Mais, si l'on voulait jeûner, il y avait pour cela un calendrier bien précis (les riches en font à leur tête mais tout de même) et, en vérité, personne ne s'y mettait de gaieté de cœur. Eux qui ne mangeaient pas toujours à leur faim faisaient de prodigieux efforts pour s'expliquer en quoi ne pas manger du tout porterait préjudice à ceux qui les maintenaient dans leur misérable condition : un prisonnier qui y passe, c'était une bouche de moins à nourrir et une place de plus en cellule, parfois quelques cigarettes à se partager.

Oui, mais c'était sans compter l'entregent d'un petit-fils de pacha communiste, à même de taper conjointement sur deux gros tambours à la peau bien tendue : le réseau stambouliote d'un homme bien né et la force de frappe internationale du Parti communiste. À Saint-Germain-des-Prés, le cénacle est à la manœuvre. On fonde derechef un comité pour la libération de Nâzım Hikmet, présidé par Tristan Tzara en personne, qui s'offre chaque semaine une pleine page dans *Les Lettres françaises*. D'autres journaux lui emboîtent le pas : *Ce soir*, *L'Humanité* et même *Le Monde* ! La presse s'emballe. On écrit des pétitions à l'ambassade de Turquie, des poèmes – quantité de poèmes lyriques et politiques –, on relaie les protestations d'organisations du monde entier, de l'Union des arts plastiques, du Mouvement des intellectuels français pour la défense de la paix, de l'Union des étudiants marocains, de l'Association internationale des juristes démocrates, de l'Union des écrivains polonais, mais également celles de leurs collègues soviétiques, tchèques, roumains, bulgares… Sensationnel, et que de beau monde ! Même à New York résonnent des « Free Nâzım ! ». À Istanbul, c'est sa vieille maman qui mène l'affaire. Elle bat le rappel de ce qu'il leur reste de parentèle, occupe le pont de Galata, là même où son fils criait le journal vingt-cinq ans plus tôt, puis se met elle-même en grève de la faim. Elle est rapidement rejointe par les trois poètes les plus en vue d'Istanbul, Orhan, Melih et Oktay, qui n'ont jamais eu grand appétit mais ne sont pas non plus coutumiers des privations. Ils tiendront trois jours.

La santé de Nâzım se dégrade, il est transféré à Istanbul, à l'hôpital de Cerrahpaşa.

Aussi louables qu'aient été les efforts conjoints de tant d'excellents poètes, peintres et philosophes, c'est cette presse bourgeoise que Nâzım méprisait tant qui lui sauvera la mise. Comme cela avait été le cas en 1938, l'affaire Nâzım devient un sordide règlement de comptes entre deux factions rivales. Un journal d'opposition décide d'en faire une cause nationale et un embarras pour le parti au pouvoir. Quand le Parti démocrate remporte les élections contre le Parti républicain du peuple, dans la première alternance de l'histoire de la République, le nouveau gouvernement déclare enfin l'amnistie tant attendue. Le 15 juillet 1950, Nâzım est dehors, délesté de douze kilos, Münevver à ses côtés.

Le couple s'installe dans le quartier de Kuzguncuk, la vallée aux corbeaux, dans cette belle demeure en bois que vous verrez logée tout contre le cimetière grec orthodoxe, légèrement en surplomb de la rue principale. Si vous arrivez du Bosphore, passez la synagogue, puis la petite église Saint-Georges et, après le marchand de grillades, tournez à gauche. En bas de la rue, des paysans de Kastamonu tiennent un étal de fruits et de légumes encore noirs de la terre du village – poivrons, châtaignes et courges aux formes inconvenantes. En ce premier été d'ébats et de liberté, lui est extatique, elle heureuse, bien que séparée de sa fille Renan dont son ex-mari a obtenu la garde. L'extase, d'ailleurs, ce n'est pas pour elle. Je la soupçonne d'être la seule, dans toute cette vie en foutoir, à savoir où elle mettait les pieds en s'agrippant à Nâzım, à savoir que les lendemains qui chantent sont des fadaises pour grandes personnes et que cet homme, malgré toutes ses promesses, y conduisait moins que les autres. Münevver portait en elle ce je-ne-sais-quoi de tant pis pour les conséquences, de revêche au bonheur, certainement nécessaire quand on naît femme en Turquie et qu'on ne s'y entend pas en cuisine. Pas naïve pour un sou, et sans admiration outre mesure pour le bonhomme dont elle semblait connaître le revers et les coutures. Mais elle l'aimait, et elle sauta à pieds joints dans l'histoire.

*

Quand Nâzım sort de prison, la Turquie entre dans la guerre de Corée (le prix à payer pour avoir rejoint le camp du Bien si tardivement). Alors que les conscrits combattent les communistes au bout du monde, l'on a que fort peu l'usage d'un militant diplômé de l'université communiste des travailleurs de l'Est, et au casier si chargé. Il retourne à Ipek Film, le studio de cinéma de son ami Muhsin Ertuğrul, pour lequel il avait déjà fait des piges dans les années trente, des bricolages, des scénarios bâclés écrits sur le coin d'une table et que, me dit-il, il n'aurait signés de son nom pour rien au monde. Sauf qu'entretemps le cinéma est devenu une affaire florissante, puissante, populaire en diable, qui s'adresse à toute l'Anatolie et bientôt, qui sait, au monde entier. On lui donne un bureau, des responsabilités, et j'ai lieu de croire que, si les choses avaient tourné différemment, il aurait pu virer nabab ventripotent de l'industrie du cinéma.

Quelques mois après sa libération, le 26 mars 1951, lui naît un fils, Mehmet Ran. Un fils ! Nâzım est divorcé depuis trois jours et donne à ce dernier le nom de son enfant adoptif, Memet, le fils de Piraye, quoiqu'avec une graphie légèrement différente. À presque cinquante ans, il est enfin papa. Mais déjà le climat n'est plus à l'extase. La rhétorique anticommuniste s'envenime. Il devine des complots dans chaque voiture qui le frôle, chaque passant croisé dans une ruelle trop sombre lui fait entrevoir une menace pour sa vie. Je n'y crois qu'à moitié et cela le blesse. Puis vient le coup de l'âne de l'administration. Quelques mois plus tôt, avant la naissance de son fils, il avait déposé une demande de passeport en vue d'aller chercher le prix que lui avait décerné le Conseil mondial de la paix. L'administration lui avait rétorqué qu'il n'avait pas effectué son service militaire. À son âge, une santé en ruine, et sorti du Lycée naval, il remplit une demande d'exemption. Sa demande ne revient qu'à l'été : refusée. On lui signale au passage son affectation à Zara, à peine plus qu'un village dans la province de Sivas – quelques chaumières et une caserne en béton qui rompent la monotonie de la steppe anatolienne. Il a une semaine pour faire ses affaires et se rendre à la caserne, une semaine c'est-à-dire – nul besoin de prendre les militaires pour de complets demeurés – le temps de filer à l'anglaise sans faire d'histoire. Pour le camarade Nâzım, toujours, un traitement de faveur.

Aurait-il dû rester ? Et surtout, la question qui me tarabuste le plus : Münevver savait-elle le matin même qu'il ne rentrerait pas ce soir-là ? Ou l'a-t-elle attendu toute la nuit, son bébé dans les bras, rouge de colère en imaginant une nouvelle coucherie, puis, à l'aube, le souffle court d'inquiétude à guetter chaque pas dans la ruelle ? Je n'ai jamais osé demander – ni à elle ni à lui. Il part, en tout cas, se fait la malle d'un jour à l'autre, seul. Son fils a trois mois. « Ils voulaient m'éliminer, tu comprends, je n'avais pas le choix. Est-ce que tu le comprends, ça ? » Difficilement, Nâzım. Qu'importe, tu es déjà ailleurs, dans ce énième chant de ton odyssée : le héros Nâzım s'enfuit en bateau vers les côtes bulgares, les militaires à ses trousses, affronte une tempête avant d'être sauvé in extremis par un bateau de communistes roumains et bourrus qui lui offrent un café chaud et une tape dans le dos.

Comme pour ses pérégrinations anatoliennes de 1921, j'écourte : le capitaine du *Plekhanov* hésitant, Moscou au bout du fil : « Monsieur Hikmet ? Attendez, camarade… Oui, faites-le monter… » Trop facilement peut-être. Et, pour la première fois, j'hésite. Ce que j'en sais moi… Peut-être sa fuite était-elle une nécessité. On a bien assassiné son ami Sabahattin Ali, nouvelliste et romancier de talent, deux ans plus tôt, à la frontière bulgare, dans des circonstances plus que troubles. Et déjà, je sens poindre le remords des lignes précédentes, faciles elles aussi. Chaque jour dans son salon à soupeser sa vie, le soir tombe la sentence sous les coups de la Remington, sévère toujours. La perspective d'un salaud m'avait alléché. Plus je fais sa connaissance, plus cela me pèse d'en parler, de dévoiler l'intimité de cet homme, d'exposer ses méchantes impostures, ces fragiles constructions dont chacun a besoin pour tenir debout. À trifouiller cette vie, me vient plutôt cette fois la mélancolie lasse d'un poème d'Aragon, avec la voix et la guitare familières de Georges Brassens, poème qui semble écrit pour Nâzım et que je chante à tue-tête :

> Et quand il veut serrer son bonheur il le broie
> Sa vie est un étrange et douloureux divorce
> Il n'y a pas d'amour heureux

Le voisin tambourine contre le mur et je lui réponds en frappant plus fort encore sur les touches, exagérant ce cliquetis ô combien irritant quand on n'en est pas l'auteur.

8

En cuisine

Dimanche. Nâzım a laissé un message à l'hôtel : « Venez dîner ce soir à la maison, Véra est partie chez ses parents et m'a laissé une pleine plâtrée de chou farci, j'ai grand besoin de votre aide pour en venir à bout. » Je ne reçois le message qu'à mon retour. Quand j'arrive, la nuit est déjà tombée et la température avec. Nâzım baigne dans les effluves de choux et de *rakı*, somnolant. Il a cet air piteux d'enfant pris sur le fait :

– J'ai commencé sans vous, vous m'en excuserez.

D'autorité, il me sert en *rakı* : un tiers d'alcool, deux tiers d'eau, deux glaçons, et puis encore un verre d'eau pour accompagner le tout. Cet inutile rituel de taverne (toujours dans cet ordre, ne jamais mettre les glaçons avant l'eau) me remplit de joie, avant que ne me saisisse le silence qui règne. Chose rare : Nâzım n'a rien d'un taiseux. Mais ce soir, je m'en aperçois, plus que le chou, ce sont les fantômes qui rôdent et alourdissent l'atmosphère. Sa méforme me coupe la chique et je reste à mon tour silencieux jusqu'à ce qu'il s'anime enfin.

– Ne vous formalisez pas de mon humeur, mon garçon.

C'est la mélancolie. Ça me prend de temps à autre. Ce soir, je ne sais pourquoi, un coup de grisou. C'est de votre faute, certainement, à remuer tous ces souvenirs. Quelquefois, quand la nuit tombe, Istanbul remonte à la surface, et avec elle la culpabilité, l'angoisse de mourir au loin. J'essaie alors de m'activer, de lutter, de retarder l'inévitable. Et Véra qui n'est pas là. C'est un dur métier que l'exil, mon garçon, un dur métier.

Je le réconforte comme je peux, c'est-à-dire en trinquant exagérément : à Istanbul, à sa mère, aux amis absents. C'est là une bouffée de nostalgie qu'il faut bien expurger – mais je ne sais comment. Je laisse mon calepin fermé et mène la conversation vers ce que nous avons en partage, cette ville coupante comme une faux qui, je le sais aujourd'hui, vous inocule à vie le bacille de la mélancolie. C'est de ça qu'il dépérit à Moscou mais on en crève aussi bien sur place – la mélancolie n'a pas de lieu, ni même franchement d'objet. J'essaie de tempérer son malaise en nous remémorant les sales côtés de cette métropole invivable, mais son état est critique :

– D'Istanbul, j'aime tout, d'un bloc, sans chichi : l'épaisse fumée de charbon qui vous pique les yeux en hiver, l'humidité qui vous ronge les meubles et les poumons, les proxénètes en jeunes premiers édentés, les chiens faméliques, les mosquées tarabiscotées. Cette ville amnésique qui rogne sur les cimetières, les hivers mordants, l'appel à la prière criard des muezzins, les matins blêmes de brume où les corbeaux vous attaquent le moral, les méduses du Bosphore, les usines, la rouille, le *poyraz*, ce vent du nord-est qui s'infiltre partout. J'aime tout. Les usines de brique, les usines de verre, les usines de produits chimiques. Les bulldozers qui démolissent les quartiers où j'ai grandi. Les indics mal rasés, les gardiens de prison, les conscrits en kaki venus de l'Est qui partagent leur pécule pour le bordel du samedi, les vieux barbus qui ont dénoncé mes camarades, ceux qui les ont torturés. Tous ces humains qui sont mon Istanbul, je les aime, d'un coup, inconditionnellement. Et puis, encore, ces tombes que je ne pourrai pas visiter… En ce moment, je rêve pour trois, et reçois des visites inattendues. Il n'y a plus que là désormais où je peux leur parler, m'expliquer, solliciter leur pardon.

À ce moment précis, moment fatidique, attendu depuis Paris – l'armure qui tombe, la carapace qui se fend –, mon ventre gargouille en une longue complainte qui me traverse de long en large. La forte odeur de chou a eu raison de moi. Prévenant, il prend le chemin de la cuisine mais s'arrête à mi-course.

– Attendez, non, après des semaines à Moscou, vous devez en avoir assez du chou. Je vais vous cuisiner quelque chose de chez nous. Vous connaissez le *menemen* ?

Ce sont des œufs brouillés à la tomate, que l'on peut manger au coin des rues. Pas un restaurant convenable qui proposerait ça. Plutôt un plat de petit déjeuner.

– Des œufs brouillés à la tomate ? Mon garçon, vous ne pouvez pas dire ça. Ne dites pas ça aux Français, je vous en prie. Vous leur direz : le *menemen* est le sel de l'Anatolie. Le plat de mon peuple. Vous direz : si on regarde dans le ventre des Turcs, on trouvera du *menemen*. C'est surtout le seul plat que les hommes cuisinent. Sur le chemin de Bolu, dès qu'on le pouvait : *menemen*. À Tiflis, à Moscou, les premières années : *menemen*. Il était difficile de trouver des tomates. Et quand on pouvait y ajouter du *sucuk* et du fromage, c'était une fête. Lorsque je suis arrivé à la prison de Bursa, mon ami Orhan avait déjà mis le *sucuk* sur la braise. Venez, je vais vous apprendre un peu de Turquie.

Dans la cuisine, il sort un oignon, trois œufs, de la tomate en conserve, du *sucuk* (ce saucisson de bœuf que les amis turcs lui avaient offert à Paris), du fromage industriel à pâte dure, inodore, qu'il découpe en petits cubes, et une poêle luisante de graisse. La flamme du bec de gaz illumine la pièce d'une lueur palpitante. Sur l'huile qui s'agite, il lance l'oignon émincé qui change de couleur dans un long crépitement – d'abord translucide avant de prendre une teinte cuivrée. Puis il ajoute le *sucuk*, débité en tranches avec une méticulosité que je ne lui connaissais pas. Il est complètement absorbé par son œuvre.

– Certains ne mettent pas d'oignons, c'est une erreur. Les pauvres, eux, doivent parfois se priver de *sucuk*, mais alors, où est le plaisir du *menemen* ? Quand j'ai fait la grève de la faim – la première de Turquie, mon garçon, la toute première –, vous savez à quoi je pensais ? À la liberté ? À ces gouttes de sueur qui poignent entre les seins des femmes au plus fort de l'amour ? Au cinéma ? Non, au *sucuk*. Au *menemen* au *sucuk*. Un jour, l'odeur de l'ail, l'autre, celle des oignons, des oignons qui rissolent. Vous savez comment on dit en turc ? Non, ça vous ne le savez pas : on dit éduquer, ou alors tuer les oignons. Mais ça ne passe pas en français.

– Leur faire la peau ?

– Oui, leur faire la peau ! Jour et nuit, je fantasmais l'odeur de l'ail dans l'huile brûlante, le sifflement du *sucuk* que l'on dépose dans la poêle. On venait me soutenir, m'encourager, me dissuader parfois, m'informer de la mobilisation internationale : « Maître, Jean-Paul Sartre, Pablo Picasso… », « Maître, New York… ». Et moi je ne pensais qu'au *sucuk*. Quelquefois, à l'hôpital, les amis se penchaient sur moi et leur veste fleurait bon la brochette grillée, le feu de bois, le gueuleton du midi. Je ne sais si je voulais les retenir pour les renifler à pleins poumons ou les renvoyer avec une bordée d'insultes, mais je n'avais la force de rien.

Les tranches de *sucuk* ont dégorgé toute leur graisseuse odeur. La cuisine rissole à l'unisson. La tomate en boîte y passe tout entière. Il laisse réduire puis casse les œufs et les mélange directement dans la poêle.

– Ici encore, c'est la nourriture qui me manque. Elle me manque comme un ami dont on n'aurait plus de nouvelles. Nos olives, notre fromage, les *simit* chauds au sésame achetés au petit matin dans du papier journal, la mélasse de raisin qu'on mélange au concentré de sésame – tous les jours, pour ne pas tomber malade –, la viande crue que les Kurdes malaxent avec du piment. Et les poissons, toutes les saisons en poisson : le loup, le turbo, le thon… À Erenköy, on allait le dimanche, à l'aube, alpaguer les pêcheurs qui remisaient leur barque, on rentrait déposer leurs prises sur la grande table de la cuisine et toute la maisonnée s'illuminait : un festin pour le soir. Alors les marmites s'activaient. La Turquie a été pour moi de nombreuses choses, maintenant elle est comme un immense garde-manger, une alléchante cuisine qui me serait défendue. Une grande épicerie tenue par un Kurde ou un Arménien.

Il ajoute les cubes de fromage.

– Durant ces quelques mois de liberté à Istanbul, à ma sortie de prison, j'aurais dû me gaver. Mais tenez-vous bien : je faisais attention à ma ligne. Je travaillais pour le studio Ipek Film, les actrices étaient ravissantes. Après douze ans au trou, au moindre parfum, la tête vous tourne, que voulez-vous. Idiot que tu es, Nâzım, idiot que tu es. À Peredelkino – dommage que tu n'aies pas pu voir cette datcha que j'avais achetée dans la forêt, pas trop loin d'ici, je l'ai donnée à Galina –, à Peredelkino, les premiers temps, je me faisais un programme imaginaire d'une semaine à Istanbul : le matin, concombres, tomates et olives, accompagnés de petit pain au sésame, de fromage et de thé, le midi, raviolis au yaourt, saupoudrés de menthe et de piment moulu, le soir, tablée chez Hatzopoulos ; le lendemain, soupe de lentilles corail, haricots blancs à la tomate cuits avec des morceaux de bœuf : à Tophane, un restaurant ne sert que ça, un énorme chaudron constamment sur le feu. Tu t'assois, on ne te demande même pas et on t'apporte une plâtrée à t'en tapisser l'estomac. Les haricots, la viande : ça fond dans la bouche. Ensuite, il ne te reste qu'à tituber jusqu'à Karaköy, t'asseoir sur un banc et contempler le Bosphore en guettant le vendeur de thé.

Que demander de plus d'une après-midi sur cette terre, mon garçon ? Mais les meilleurs haricots blancs que j'ai mangés, c'est Piraye qui les cuisinait. Piraye cuisinait divinement bien. Les poivrons farcis qui rompent sans effort sous la fourchette. Les feuilles de vigne acidulées. Münevver aussi cuisinait bien, mais elle n'aimait pas ça. Véra encore moins. Ça l'ennuie. D'ailleurs on est toujours en voyage. L'appétit me fait défaut. Et puis ce chou, toujours, ces betteraves… Oui, il faudra rendre hommage au talent culinaire de Piraye. Elle le mérite amplement. Amplement. Piraye était une cuisinière hors pair. Une femme attentionnée. Dure mais attentionnée, comme qui surveille un plat en sauce. J'étais trop jeune, trop fougueux pour apprécier ce que c'est que de cuisinier pour l'autre, trop fougueux pour… L'amour, pour moi, c'était des sexes qui se mêlent, l'excitation ou l'élévation, pas cette ancre qui vous leste, pas le quotidien de l'assiette fumante sur la table. Mais aujourd'hui je sais à quoi m'en tenir.

Mon *menemen* a rendu toute l'eau des tomates et les œufs collent de plus en plus à la poêle. Penché dessus, Nâzım continue de humer son œuvre. Je crois qu'il pleure. Un temps, on se contente d'écouter le grésillement des œufs. Puis il coupe le feu et ajoute sel et poivre.

– Allez, mon garçon, goûte donc ça. De quoi veux-tu parler ce soir?

Je veux parler de poésie. Car n'est-il pas poète? On a traversé l'Anatolie et l'URSS à bride abattue mais je ne l'ai jamais interrogé sur son art. Lui-même est peu disert sur le sujet.

– De poésie? Elle est là tout entière, la poésie: trois œufs, de la tomate. Goûte. Attends, il y a du pain. Ça se mange à même la poêle. Ne fais pas de manières. Un plat d'homme, je te dis: comme ça, pas de vaisselle à faire.

Il me tend une cuillère. Je reste debout dans la cuisine, la poêle dans une main, le pain et la cuillère dans l'autre.

– De poésie, donc. On en écrit comme on cuisine: tout

est affaire de proportion, de mesure, de découpe, d'équilibre. Dès que tu doutes, le poème se délite. Avec la cuisine, c'est la chose la plus déconsidérée au monde, la moins comprise. Tu sais, je ne suis pas sûr que nous parlions de la même chose. Toi, tu parles de petites friandises pour gourmets que l'on retrouve en opuscule sur les étalages du 6e arrondissement. J'ai beaucoup admiré les Français pour leur poésie. Encore aujourd'hui. Mais chez nous, comme chez les Russes d'ailleurs, la poésie c'est autre chose, une chose autrement plus sérieuse, on ne plaisante pas avec la poésie. C'est une nourriture de tous les jours, quotidienne et vitale. Et explosive avec ça. Remarque que nous avions nous aussi nos gourmets, tous formés chez vous d'ailleurs : on les a jetés par-dessus bord. Les Turcs tout entiers sont un peuple de poètes, sache-le. Pas grand-chose d'autre – si, des militaires.

Toi qui as voyagé en Anatolie : y as-tu vu des théâtres ? Aucun. Des livres ? À peine. Et encore : des livres religieux ou des manuels techniques. Ceux qui travaillent de leurs mains n'ont pas de temps pour ces choses-là. C'est une chose de lettrés. Personne là-bas n'a le loisir ou le cœur de s'attacher à une Mme Bovary. Mais des poésies, ça… Chacun en connaît à s'en faire chavirer l'âme. J'ai connu des hommes virils, durs au mal, butés comme des barriques, qui n'auraient pas versé une larme sur *Anna Karénine* mais seraient partis au galop sous le coup d'un poème bien senti. Parce que la poésie, c'est une chose brutale. Comme la musique. Elle ne demande pas la permission. Elle s'invite et te saisit et te voilà emporté. Ce n'est d'ailleurs pas une chose livresque – ou juste par nécessité, par commodité.

La poésie, ça se lit entre amis au café, ça se chante à pleins poumons en tambourinant sur le *saz*, ça se chantonne seul pour se donner du baume au cœur, ça se chuchote entre amoureux, ça se griffonne sur un bout de papier, ça se récite comme une invocation, ça se publie dans le coin d'un journal, ça se grave sur les pierres tombales, sur les portes des maisons, sur les camions qui sillonnent l'Anatolie. Les mères en cousaient dans la doublure du manteau des garçons qu'elles envoyaient à la guerre. Quand il y aura des centrales nucléaires dans mon pays, ne doute pas que les ouvriers auront inscrit des quatrains sur les parois du réacteur. Ne cherche pas de bons romans chez nous, tu auras trop d'une main pour les compter – Yaşar Kemal, Tanpınar… Des nouvelles, au mieux. Le long roman psychologique réussit aux Français, aux bourgeois désœuvrés. Pour le paysan éreinté, pour l'ouvrier qui a une révolution sur la planche, il faut de la concision et de la musique. La poésie, c'est l'art communiste par excellence, un art du peuple, un art de peu.

As-tu entendu le barde Âşık Veysel ? Des siècles que les paysans illettrés se nourrissent de poésies médiévales d'une finesse à s'en pâmer. Les militaires sont poètes comme les autres, remarque. Pas moins bons d'ailleurs. Et vous avez devant vous la preuve qu'ils ne sous-estiment nullement la chose. En temps de guerre, la poésie est partout. Que nous a demandé Kemal ? Un poème. Pourquoi nous a-t-on exilés à Bolu ? Pour un poème – pour un seul vers qui leur est resté en travers de la gorge tel un os de poulet. Mais ainsi vont les révolutions. En avez-vous connu une qui n'ait eu son torrent de poèmes ? J'enrage quand des gens bien sérieux m'interrogent : « Croyez-vous, monsieur Hikmet, que l'on puisse faire la paix avec de la poésie ? » Mais, mon bon monsieur, avec de la poésie, on fait tout. Et d'abord des génocides. Des génocides, parfaitement. Cela t'étonne, toi aussi ? Ça ne devrait pas. Ça, ce n'est certainement pas une réalité pour les fines bouches. Chaque génocide est pavé de poèmes. Tu sais, je connais les hommes de ma terre. En tant d'années de prison, j'en ai vu, des salauds et des assassins. Je sais la misère crue, le ressentiment cuit et recuit pendant toute une vie, les haines ancestrales, les frustrations qui pourrissent dans l'estomac. Mais malgré ces aigreurs, ces regards torves qu'on se lance, malgré la rage qui vous prend, personne n'a assez de tripes, assez de culot, pour aller égorger de sang-froid son voisin, sa femme et sa fillette. Personne. Pour que Halil le pâtissier, si doux avec les enfants, pour que Fuat le quincailler, qui ne manque pas une prière, aillent en plein jour et à jeun trucider Hrant le ferronnier… Pour cela, il te faut encore de la poésie, un tremblement de l'âme, un étourdissement, une illumination soudaine. Un supplément de courage. Un horizon. Les plus basses besognes réclament leur plein poids de poésie, mon garçon, et plus basses elles seront, plus sublime le poème. Sinon, où trouver cette justification plus grande, plus haute, plus sublime, si nécessaire pour mettre ses mains dans le cambouis ou dans les tripes du voisin ?

Pause. Il se lève, s'éclipse dans une autre pièce, revient avec des cigarettes, m'en propose une, évoque les sévères recommandations de son médecin alors qu'une allumette rompt l'obscurité. Des mois que je n'avais senti ce crépitement dans mes poumons. À cet instant, ce séjour me semble d'une évidence diaphane. Nous restons silencieux le temps d'une seconde cigarette. Puis, tirant les dernières bouffées, il refait surface :

– As-tu lu mon ami Orhan ? Orhan Veli. Oui ? Ce sont ses poèmes qui me taraudent le plus ces temps-ci, eux qui me hantent. Il y en a un, tout particulièrement… Celui-ci, j'aurais voulu l'écrire. Écoute :

Pour vous, mes frères humains,
Tout est pour vous ;
Et la nuit est pour vous, et le jour ;
Le jour la lumière du soleil, la nuit les reflets de la lune ;
Les feuilles sous les reflets de la lune ;
Dans les feuilles la curiosité ;
Dans les feuilles la raison ;
Dans la lumière du jour mille et un tons de vert ;
Les jaunes aussi sont pour vous, et les roses ;
Le contact de la peau sur la paume,
Sa chaleur,
Sa douceur ;
La quiétude du repos ;
Les salutations pour vous ;
Pour vous les mâts qui tanguent au port ;
Le nom des jours,
Le nom des mois,
La peinture des barques, pour vous ;
Pour vous le pied du facteur,
La main du vendeur ;
La sueur qui coule des fronts,
Les plombs qui pleuvent sur les tranchées ;

Pour vous les tombes, les pierres tombales,
Les prisons, les menottes, les peines capitales;
Pour vous;
Tout est pour vous.

Ce poème, je l'avais déjà lu sans m'y arrêter. Pas son plus beau, assez banal à la lecture. Mais dans cette ouate nocturne, cette fragile respiration, sa voix raillée par l'alcool sonne comme un *saz*, comme ces cordes métalliques tendues au point de rupture, comme Istanbul, détraquée et gorgée de nostalgie… Ce n'est pas de la grande poésie, mais ces mots qui ne sont pas les siens, qui n'ont rien d'extraordinaire, il les fait tinter avec moins de grandiloquence, moins de théâtre et une justesse, un chuchotement qui m'émeuvent. D'une liste de commissions, Nâzım ferait de la poésie.

– Parce que c'est vrai, mon garçon. Tout. Tout. Pour nous, pour vous. Pour nos enfants. Pour qui d'autre? Le poète est là pour ça, uniquement pour ça. Pour rappeler aux hommes, pris par l'usine, par les ennuis, par la routine, par les factures… pour leur rappeler le monde, mon garçon. Rien d'autre. Pour dire ces choses qui bouillent en nous et qui n'ont pas de mots et sur lesquelles il est si facile de mettre le couvercle. Rendre tangible la vie qui nous fuit, que nous fuyons, que nous mystifions. Celle qu'on ne voit plus. La vie, ceux qui n'ont jamais été alités, en prison… ils l'oublient, la négligent. Ils ne la connaissent qu'à moitié, la vie, comme une voisine polie. La simplicité. L'amour, le bonheur. C'est ça que nous dit Orhan. Lui est parti à trente-six ans. Et va savoir ce qu'il aurait écrit. De ces poèmes qu'il n'a pas écrits, j'en souffre comme tu ne peux pas imaginer.

Le *rakı* a raison de nous. La discussion s'enlise. Au fil des verres, les fantômes qui le hantaient avant mon arrivée se remettent à rôder. Il livre un combat silencieux. On converse par intermittence jusqu'au petit matin. Dehors, la neige assiège la ville.

*

Le lendemain, je me souviens de cette pathétique requête :

– Je n'ai pas pu être un homme bien. Mais je ne fus l'homme de personne. Tu l'écriras, n'est-ce pas ?

Voilà qui est fait, camarade.

9

Un homme à aimer de loin

Sur les photographies de 1951, celles de son arrivée à l'aéroport de Moscou le 29 juin, celles du Festival mondial de la jeunesse à Berlin-Est, Nâzım brûle la pellicule. Regardez-le : peut-on l'admirer sans une pointe de jalousie ? Il est au pinacle de sa beauté, photogénique en diable, arborant l'air de triomphe d'un vainqueur du Tour de France à l'heure où coule le champagne et clignotent les flashs. Il a remporté son bras de fer contre les hommes les plus puissants de Turquie, l'intelligentsia mondiale le traduit et le lit, l'Union soviétique le fête en héros, il attire les fleurs, les sourires, les femmes. Sa fuite fut racontée comme héroïque, ainsi que nous, à l'Ouest, racontons les (autrement plus nombreuses) désertions depuis l'URSS… Il milite pour la paix, au sein du Congrès mondial des partisans de la paix (en vérité, une opération soviétique de relations publiques) avec le gotha des artistes communistes. Pour la paix ! Quoi de plus consensuel ? Plus tard, ce sera contre la bombe nucléaire. Dans les mois qui suivent, il parade à Vienne, Varsovie, en Crimée, à Varna… On le verra entouré d'enfants soviétiques coiffés et costumés, bras dessus, bras dessous avec Pablo Picasso,

Pablo Neruda, Louis Aragon... Il est sans conteste l'un des premiers poètes internationaux des temps modernes, ceux de la télévision et des journaux de papier glacé. Un idéal pour tout jeune écrivain. Son cinquantième anniversaire (comme son soixantième au demeurant) est fêté avec démesure dans l'imposante salle Tchaïkovski de Moscou, par de pompeux discours sous un immense portrait du camarade Staline, applaudi comme un congrès du Parti, retransmis à la télévision. Il y parle de son peuple, du Parti communiste de Turquie, de ce que les Turcs doivent aux Soviétiques, et d'amour, bien entendu.

*

Quand Nâzım raconte aujourd'hui cette période, un sentiment bien différent lui vient à la bouche : la nausée. La nausée, ou l'envie croissante d'expurger un indéfinissable malaise, ce moment où la réalité tangue trop librement pour notre frêle raison. Nâzım eut toujours cette chance inestimable : chez lui, ce n'est pas l'esprit mais le corps qui encaissa les chocs, épongea les dettes et para aux coups durs. Cela lui causa plus d'alitements que nécessaire mais le sauva pour sûr de la folie ou du suicide. Les petites santés sont des battants. Cette fois-ci, ce sera un infarctus en uppercut, à Pékin, en 1952 – échec et mat en un coup. Et, pour la première fois, quelque chose vacille dangereusement sous les combles.

En 1951, il est en vérité misérable : il a abandonné la femme qu'il aime, son fils de quelques mois grandit sans son père... Et puis il y a encore ce grand œuvre écrit en prison, cette épopée de milliers de pages qu'il a dû laisser chez divers amis et connaissances, dispersée en liasses disparates – il apprend vite que la police en a saisi certaines, brûlé d'autres. Mais chez lui, l'expectative d'un futur rayonnant, de ce futur promis, cet optimisme d'usine, en acier inoxydable, a toujours oblitéré le présent et le passé. Ce ne sont pas le malheur ni l'adversité qui auront raison de lui, mais ce monde de carton-pâte, ce marécage de la gloire soviétique où sa résistance ne trouve pas prise – et plus il se débat, plus il s'enfonce. On l'enferme dans une caricature, lui qui flirta toujours avec. C'est au moment où il est enfin fêté avec la ferveur dont il rêvait qu'il le comprend : tout cela est une mascarade, une farce de mauvais goût dans un monde usé jusqu'à l'os par des décennies de stalinisme. Sous l'enflure du discours perce une réalité qu'on n'essaie même plus de camoufler, à peine se contente-t-on de balayer au passage des convois. Staline dépasse tous les fantasmes de Kemal, le service de renseignement est jalousé par tous les pays du monde…

Pourtant on le bichonne, ce poète turc qui vient de fuir son pays pour la dernière fois. Dès qu'on a reçu le message du capitaine du *Plekhanov*, le bateau roumain qui l'a repêché, les scénaristes du grand spectacle soviétique se sont mis en branle. On lui réserve le meilleur hôtel de Bucarest, on l'accueille à l'aéroport de Moscou avec la liesse due à un maréchal soviétique. On lui organise un tête-à-tête avec le camarade Staline – mais pas tout de suite, le temps de s'assurer de la compatibilité des points de vue. On lui cherche des amis : qui voudriez-vous voir ? Il égrène des noms qui sont autant de spectres – c'est tout le milieu de l'art qui a été englouti par l'ogre Staline – à l'exception de Nikolaï Ekk, le disciple de Meyerhold, son compagnon de théâtre. On le retrouve dans un état déplorable – les purges ont été rudes parmi les saltimbanques –, on le retape, mais difficile de faire des miracles. Ce pauvre hère, déconcerté, flaire le bon coup et joue le jeu, s'accroche à son ancien camarade comme à une planche de salut. Nâzım n'en croit pas ses yeux : Nikolaï ! Mon camarade ! Mon ami ! Devenu un étranger craintif et fielleux, qui tient à peine debout et égorgerait pour une datcha. Ce Nikolaï devait penser par-devers lui exactement la même chose : Nâzım, mon camarade, qu'est-ce qui ne tourne pas rond chez toi ? Pourquoi te jeter ainsi dans la gueule du loup ? Es-tu donc complètement imbécile ? Et que viens-tu parler de communisme, ici, à nous, en cette parodie mortifère ? Lui, de retour de Sibérie, s'y connaissait en la matière.

Nâzım tient à voir une pièce de Maïakovski, de Meyerhold, un peu de ce théâtre révolutionnaire qui l'avait tant hypnotisé. Elles ne sont plus à l'affiche. La scène est tenue par des médiocres qui vantent Staline et le prolétaire. Il s'en ouvre lors d'un dîner organisé en son honneur par l'Union des écrivains soviétiques, avec un ton ampoulé, donneur de leçon et, alors qu'il pérore, qu'il s'émeut du mauvais goût des « Staline est notre soleil » qui s'invitent partout, il entend derrière lui son ami Nikolaï prononcer à mi-voix : « Si le camarade Nâzım avait goûté aux prisons russes plutôt qu'aux turques, il ne causerait pas de la sorte », tirade suivie par une traînée de ricanements entendus, ricanements de sicaires, d'une noirceur, d'une ironie à vous donner la frousse. Tout déraille. Nâzım s'entend parler, et ça sonne faux. L'atmosphère est soudain plus froide que les verres de vodka. Et il comprend qu'il ne connaît pas ce pays, qu'il y est un étranger, à peine un invité. On annule en quatrième vitesse la rencontre avec Staline qui, pour un mot de travers, aurait eu sa tête – tant pis pour la photo.

Une nation qui grelotte de trouille, ce n'est pas beau à voir. Celle-ci se divise entre ceux qui ont peur d'être dans le prochain train pour les camps et ceux qui en reviennent. De ceux qui y sont, personne ne parle. La trouille, Nâzım croit pourtant connaître : à Ankara, dans les convulsions de 1921, chacun avait un sac de voyage et une liasse de billets à portée de main, prêt à détaler. Mais ici, l'idée même de faire son sac vous envoie directement au goulag. La Turquie est un rude pays, entendons-nous. Le règne de Kemal fut, à bien des égards, terrible, ses prisons sont célèbres et le pays est toujours tenu d'une main de fer par des généraux cyniques... Mais, somme toute, face à cette industrie de la cruauté qu'est l'URSS de Staline, ils passeraient aisément pour des provinciaux sans imagination. Jusqu'au jour où il posa de nouveau un pied en URSS, Nâzım avait une chance rare : être communiste sans avoir jamais fait l'accointance de Lavrenti Beria, le chef de la sécurité. Lavrenti Beria, lui, connaissait bien Nâzım : chien fou à mettre au pas. Ou à abattre froidement – mais, si possible, en toute discrétion. La liberté tant attendue s'avère une liberté sous surveillance, à jouer un script écrit par d'autres et dont on ne lui délivre jamais qu'une seule page à la fois.

On l'installe à Moscou dans un appartement tout confort – celui-là même où il me reçoit – et il s'y trouve seul pour la toute première fois, n'étaient ces domestiques qui le servent et l'espionnent avec le même empressement. Périodiquement, on le sort pour l'exhiber aux quatre coins du bloc de l'Est, mais toujours en délégation, escorté par des émissaires du Parti : à Berlin-Est pour le Festival mondial de la jeunesse, en Bulgarie pour une longue mission auprès de la minorité turque qui n'est pas emballée par ce soviétisme qu'on lui impose, à Vienne pour le Congrès mondial des peuples pour la paix. Nâzım raffole de ce rôle de représentant de sa nation et tient dignement sa place dans le pire de la propagande totalitaire. Il n'est pourtant pas stupide (peut-être l'ai-je dépeint plus idiot qu'il ne l'est, irrité par sa poésie mièvre), et il fit son éducation soviétique de bonne heure. Mais sa marge de manœuvre est limitée, on lui octroie difficilement la citoyenneté polonaise, il entend les mises en garde et croit – naïvement peut-être – qu'il a le poids nécessaire pour infléchir les politiques de l'intérieur.

En fait, le coup médiatique Nâzım Hikmet s'usera vite. Lui n'amuse plus quand bien même il sert encore. On décide paraît-il en haut lieu de mettre fin à l'essai. Un poète russe du cénacle germanopratin, fort imbibé, me raconta cette histoire, avec une telle verve que je ne sais s'il était lui-même présent ou s'il la tient de quelqu'un d'autre : un jour, à la fin des années cinquante, on frappe à la porte du camarade Nâzım, chez qui festoient des amis artistes. Il ouvre : c'est l'ancien chauffeur du maître, penaud, qui se répand en excuses incompréhensibles et réclame son pardon. Nâzım le réconforte, lui sert un verre de vodka, le fait asseoir et voilà l'employé qui s'explique : alors qu'il travaillait pour Nâzım, la police secrète l'a poliment incité à orchestrer un accident de voiture où le poète trouverait la mort. Les détails ne sont pas clairs, mais on misait beaucoup sur ce cœur fatigué. L'homme se récrie, il aime ce patron chaleureux et simple, on menace sa famille, il cède. L'accident est programmé, puis déprogrammé, puis reprogrammé… Finalement, c'est Staline qui passe l'arme à gauche en mars 1953, suivi en décembre par Beria, plus jeune mais qui reçut en cela l'aide empressée de ses camarades. Le chauffeur quitte ses fonctions et se fait taxi, mais la culpabilité le ronge et le voilà donc dans le salon de son ancien patron. Nâzım, impavide tout du long, absout le pauvre bougre, lui ressert de la vodka et, j'en mettrais ma main à couper, coche mentalement une case de plus dans son bingo du Grand Homme.

*

Enfin, à cinquante ans passés, il est débarrassé une fois pour toutes des soucis matériels, de ces comptes d'apothicaires qui l'ont tenu en haleine pendant pas moins de deux décennies – dénicher l'huile d'olive et le charbon de bois bon marché, garder un œil sur le prix de la viande, rembourser ou éviter les créanciers… Grâce aux droits d'auteur élevés de l'URSS, il deviendra même passablement riche. Il est fêté et publié partout, quoique pas en Turquie – mais il sait qu'il inondera un jour les librairies de son pays, ce sera dans cinquante ans, dans cent ans peut-être, mais cela sera, pour sûr. Entretemps, il s'occupe avec grand talent de ses traductions dans la plupart des langues du bloc de l'Est, qui en compte plus qu'il n'en faut, de ses publications internationales, noue des liens avec de célèbres écrivains pour les convertir en traducteurs (il me confie avoir écrit à Ernest Hemingway, qui ne daigna pas répondre), établit des bases arrière en Bulgarie et en Azerbaïdjan soviétique, d'où il fait imprimer des recueils qui passent en contrebande dans son pays natal.

Il renoue aussi avec son goût du mauvais théâtre, de la gloriole rapide et des applaudissements, en vue de quoi il recycle des pièces écrites ou esquissées à Istanbul, travestit une légende populaire d'Anatolie en épopée stakhanoviste pour redonner du rose aux joues à ce réalisme socialiste en perdition et, rapidement, peut prétendre à une datcha à Peredelkino, fameuse bourgade d'une cinquantaine de chalets, en pleine forêt, à vingt-cinq kilomètres de Moscou. N'y logent que des membres de l'Union des écrivains soviétiques. C'est une trouvaille de Staline : installer les plumitifs dans un cocon doré à distance raisonnable de la capitale. Là, on peut les surveiller et limiter la casse. Qu'ils écrivent, écoutent les oiseaux, se promènent parmi les bouleaux et ne tracassent pas le peuple avec des idées subversives ou leurs scrupules tout aussi subversifs. Nâzım a pour voisin Boris Pasternak et, dans ce calme luxurieux, il passera les moments les plus paisibles de sa vie.

Münevver, elle, n'a pas ce luxe, et ses lettres d'Istanbul pullulent de problèmes de chauffage et de fenêtres à réparer. Ses études de droit sont loin, loin les coquetteries de jeune première. L'affront public de la fuite de Nâzım, en pleine guerre de Corée, a irrité les autorités qui, n'ayant rien d'autre à se mettre sous la dent, font payer à cette femme le prix de leur colère. Elle mène une vie de paria, sous étroite surveillance policière, sans emploi, privée de passeport, privée de sa fille dont son ex-mari a la garde, avec un fils qui grandit et réclame son père, qui joue aux alentours de la maison avec les policiers dont il connaît tous les prénoms. Ce sont eux qui lui apprendront à manier le volant de leur voiture garée en permanence devant la maison. Les amis la fuient – rendre visite à la compagne de Nâzım, c'est s'assurer une place de choix dans les carnets noirs de la Sécurité intérieure.

Dans cette étouffante précarité, elle maintient le foyer à flot en courant les traductions ainsi que les leçons particulières et, pour assurer à son fils une vie décente, accepte quelques heures quotidiennes de couture. À la fin de la journée, elle écrit. Non pas des romans, ni des poésies, comme elle avait pu en rêver dans son lycée marseillais, mais des lettres, de longues missives à son cousin Nâzım, qu'elle parvient à lui transmettre via un méandre d'amis et de faveurs. Cigarette après cigarette, elle lui rend compte de l'actualité littéraire de la ville, de l'avancée de ses traductions, des films où elle s'évade, de ses rêves troubles, des premiers pas de leur fils, de ses premiers « papa » qu'elle fabule peut-être, de la joie qui la quitte au fil des ans. Il répond avec la ponctualité d'un métronome. Nâzım est à son meilleur dans cet exercice, fidèle en correspondance, rompu à l'art du lyrisme épistolaire.

Douze années de prison, cela vous apprend le métier. Des lettres reçues, il fait, en plus d'une occasion, la laine de ses poèmes. L'un d'eux, titré « Lettre d'Istanbul », se clôt ainsi :

> Prends soin de toi.
> Réponds-moi au plus vite.
> Ne t'embarrasse pas de mes soucis,
> oublie-les,
> mais moi, ne m'oublie pas…

Grâce à la petite industrie poétique de Nâzım, les soucis de Münevver font le tour du monde. Et les deux amants incarnent, pour un temps, dans les cercles communistes, l'amour impossible – l'amour rendu impossible par la morgue des impérialistes capitalistes.

*

Arrivé à la mort de Staline, le récit de Nâzım devient plus flou et mon travail de biographe plus difficile. De ce passé le plus proche, il confond tout, mélange les dates, les voyages, les noms – lui qui m'avait dressé un tableau saisissant du milieu littéraire de l'Istanbul des années trente, où chacun avait femme, enfants, adresse, où rien ne m'était épargné du menu servi par le poète Abdülhak Hamit, quatre-vingt-trois ans, qui l'avait invité pour se rabibocher après une inutile polémique. Ou peut-être est-ce moi qui suis moins intéressé ? Peu rompu aux intrigues soviétiques, aux noms, à la nomenclature du Parti, je découvre un Nâzım qui, sous les couches de lyrisme, est expert en double langage, fier diplômé de l'université communiste des travailleurs de l'Est, maîtrisant à la perfection les logiques du Parti. Mais je penche plutôt pour une autre raison : tout cela reste encore trop frais pour qu'il l'ait métabolisé en récit et il n'est pas prêt à me livrer son intimité ainsi, toute crue sur la table, ni même d'ailleurs à la regarder en face.

Heureusement, il y a les poèmes. Depuis la tentative de chef-d'œuvre des années de prison – toujours inachevé, éparpillé et en partie perdu –, il n'écrit plus de livres, plus de recueils originaux, mais des poèmes sur feuilles volantes, certains publiés, d'autres non, que recopient et diffusent ses amis. Ces poèmes sont dotés d'un lieu et d'une date, conservés pour la plupart mais dispersés dans l'appartement, entre les pages des livres, sous la radio. Il les rassemble pour moi en une seule pile, une archive qu'il m'autorise à consulter à ma guise quoique sous sa supervision, et qui me fait comme une trame narrative, une étrange chronique de lyrisme. Le goût de la poésie vous passe à la consommer à la louche, à la recherche d'une narration rompue, mais je sais où chercher : 1956 et 1961, années scélérates…

En 1956, je trouve ce que j'attendais depuis mon départ de Paris : la trace d'une culpabilité, un poème confession, poème d'introspection. « Lamentation pour Satan ». Satan était son chien, mort cette année-là. On a les confessions qu'on peut.

C'est un peu moi qui l'ai tué mon chien,
je n'ai pas su en prendre soin.
Si tu ne sais en prendre soin
ne plante pas même un arbre.

[…]

Que de matins depuis je me réveille,
je prête l'oreille,
personne ne gratte à ma porte.
Me vient une envie de pleurer,
ce que j'ai honte de ne pas pouvoir.

Ces vers datent du mois de juin. Si justes – n'eussent-ils pas été adressés à son animal de compagnie. En février de la même année, c'est sa mère qui meurt, cette mère qu'il aimait plus que tout, sans qu'il puisse retourner à Istanbul. Sans qu'il puisse l'embrasser, la remercier, solder les comptes, l'accompagner dans ce pénible périple, la mettre en terre. Sa pauvre mère, fanée prématurément par l'absence et le calvaire de son fils, harcelée par la police comme tous ceux qui lui étaient proches, morte d'affliction dans une solitude crasse, et il sait que lui mourra sans pouvoir se recueillir sur sa tombe. Istanbul est un tombeau, un tombeau qui se refuse à lui. Il encaisse. Gesticule. *Me vient une envie de pleurer, ce que j'ai honte de ne pas pouvoir.* Et puis Satan décède, et là… Étrange chose que notre inconscient, les tours que l'on se joue à soi-même, et les détours dont se drapent la parole qui, avec une constance accablante, échoue à dire. *C'est un peu moi qui l'ai tué mon chien.*

La vérité nue, il en aura son saoul cette même année, quand Khrouchtchev procédera au grand déballage des folies de Staline : les purges, les camps, la terreur… Tout est mis sur la place publique. On démonte les statues du Petit Père des peuples dans toute l'URSS. Tous ceux qui ont collaboré – et ils sont nombreux – sont sur la sellette. Son ami Fadeïev, actif staliniste, se suicide. En 1956 toujours, comme si cela ne suffisait pas, l'armée soviétique envahit Budapest et écrase l'insurrection populaire. À une période où l'actualité politique mériterait un mot de sa part, Nâzım reste coi. Il sait ce qu'il en coûte de parler. Ce sera une année hautement éprouvante pour les communistes français – pour lui, je n'ose imaginer.

Sa mère, l'honneur du communisme, les idéaux qui l'ont tenu, tout ce qui l'a porté depuis son enfance… Et même ce chien, cette pauvre vie à lui confiée qu'il n'a su retenir. À l'automne, Nâzım est à terre. Rupture de lyrisme. Les idéaux se carapatent et ne laissent qu'un cratère. Première ligne de défense : on arrête les engins pour ne plus penser. Ce sera une pneumonie carabinée. L'hiver 1956-1957, il accuse le coup dans un sanatorium de Tchécoslovaquie. Mais la crise s'infiltre, passe outre la première ligne et atteint des profondeurs alarmantes. Ce qu'on appelle prosaïquement une dépression, lui ne prononcera jamais le mot. Il en prononce un autre, celui de suicide – qui a peut-être une note plus dramatique, moins honteuse –, suicide qu'il contemple alors comme il le contemplait (il me le confie seulement maintenant) à la veille de sa grève de la faim, qui était peut-être un prétexte politique pour tirer sa révérence. Et je comprends que derrière ses rodomontades, ses grandes saillies sur le suicide – « Lénine a dit… » –, sa condamnation de Maïakovski qui s'est mis du plomb dans le cœur, d'Essenine qui s'est pendu, de l'ami Fadeïev qui a piteusement quitté la scène, c'est là une vieille connaissance qu'il fréquente depuis longtemps.

C'est moi qui suis naïf, moins psychologue que je l'aurais cru, à noter sa vie et ses errements sans prendre la mesure des lignes de faille telluriques qui le traversent, des monstres intérieurs qu'il combat, de ces chiens-loups qu'il tient sans cesse à distance au prix d'épuisants efforts. Et de là, de ce récit de l'année 1956, toute sa vie se teinte d'un clair-obscur inquiétant qui me le rend infiniment plus familier. Un Nâzım de bruit et de fureur pour ne pas être happé par le gouffre. N'est-ce pas ce qu'il recherchait dans la lutte, lui qui répétait à tout-va qu'il était prêt à mourir pour la cause, hypnotisé par les martyrs ? Je ne m'en souviens que maintenant : son deuxième livre-théâtre, *Pourquoi Benerdji s'est-il suicidé ?*, est hanté par cette idée.

Comme à chaque fois, il s'en tirera par le lyrisme, l'amour rutilant, le neuf, les promesses de la jeunesse, les seins qui pointent et les lendemains qui chantent. Le lyrisme et l'amour surtout, comme des pitons dans la falaise. Ainsi, il me faut de nouveau m'improviser chroniqueur de ses conquêtes. La charge me rebute quelque peu. Je souhaiterais faire court, pour lui comme pour moi. En 1952, à Pékin, un infarctus lui coupe la chique. Au très huppé sanatorium de Barvikha, dans la banlieue de Moscou, où Nâzım soigne son cœur, il rencontre Galina, médecin russe, ni particulièrement jeune ni follement jolie. S'ensuit une vie commune de huit ans – elle est la femme qui aura partagé la plus longue période de son existence, et personne n'est fichu de citer son nom. Galina Grigoryevna Kolesnikova. Il ne lui écrira pas un seul poème. Pour la simple et bonne raison (ce n'est là que mon avis) qu'ils ne furent jamais séparés – médecin personnel du poète, elle l'accompagnait partout, le suivait comme son ombre –, or c'est dans l'absence que réside le moteur poétique de mon bonhomme. Elle se tient à ses côtés, chaperonne, médecin, secrétaire. Bonne pâte, une âme de chien de berger, pas dépendante mais affectueuse. Elle lui offre une existence apaisée et joyeuse dans la datcha, n'est pas ébahie par son talent. Au contraire. Elle est diplômée, autonome, avec un goût modéré pour les arts qu'elle met à leur juste place. C'est bien plus d'honneur et de chance qu'il n'en mérite et comme de bien entendu il ne saura la saisir.

En 1955, il croise Véra Touliakova, de trente ans sa cadette, assistante d'une agence cinématographique venue le démarcher. Émoustillé, il lance à un camarade turcophone une blague salace sur les seins de la jeune fille, qu'elle a de fait assez chiches, sans s'imaginer que la jeune assistante puisse comprendre des rudiments de sa langue. Elle comprend, s'offusque mais rigole de bon cœur. Il la courtise sans conviction. Elle le repousse. Les choses en restent là. Mais, dans les tréfonds de l'hiver 1956-1957, cloué au lit du sanatorium tchécoslovaque, c'est à cette lointaine idée qu'il doit sa survie, à ce fantasme de conquête qu'il se raccroche, comme à une dernière chance de harponner un bout de vie. Elle ne lui cède pas aisément. Elle a un mari et une petite fille, Anna. Mais elle lui cède. En janvier 1960, Nâzım se sépare de Galina : il lui donne la datcha de Peredelkino, la voiture (une Volga limousine de 1957), 1 500 livres, deux télévisions, treize tableaux, une radio, un tourne-disque, un service en argent, tout cela notarié pour un montant de 89 875 roubles – de sa générosité, il garde bonne note. En novembre, il épouse Véra. Pour la troisième fois donc, il s'invite dans une famille qui n'est pas la sienne, à l'instar de Yahya Kemal qui prit ses aises dans sa propre maison et lui chipa sa mère adorée. De quoi, certainement, s'allonger avec profit sur un divan – malheureusement Freud n'a pas grâce aux yeux du Comité central qui l'a formellement interdit et Nâzım, grand lecteur de Marx, m'avouera n'avoir jamais ouvert un livre du Viennois.

Remis en selle, il ne pointe qu'à peine à Moscou. Dans cet entre-deux précédant la rupture avec Galina, il s'abrutit de voyages que retrace la signature des poèmes. Rien que pour l'année 1958 : Varsovie, Leningrad, Varsovie, Prague, la Suisse, Paris, puis Vienne, la Tchécoslovaquie, encore Prague, Berlin-Est, Leipzig, Arkhipo-Osipovka, Pitsounda, une station balnéaire huppée de la mer Noire où barbotent Véra et son mari, qu'il rejoint en compagnie de Galina dans un mauvais vaudeville de son cru, puis Krasnovodsk, Tachkent, Bakou…

Pour ce qui est de Paris, je peux pallier sa mémoire défaillante. Ah, Paris ! capitale des arts ! tombeau des communards ! l'*alma mater* de ses aînés et prédécesseurs dans l'exil, de Mustafa Suphi, le fondateur du Parti communiste de Turquie, du romancier réformiste Namık Kemal, l'ami de son grand-père, de son maître Yahya Kemal qui avait son rond de serviette à La Closerie des Lilas, de ces écrivains plus âgés qu'il avait brisés mais tout autant aimés, de sa mère aussi, qui passa dans la bohème de Montmartre, loin de ses enfants, ses plus belles années. A-t-on idée de ce que la ville pèse pour un lettré ottoman, de ce qu'elle impose ? Lui ne l'a atteint qu'à l'aurore de sa vie et ce fut un événement magistralement orchestré par Abidin et Güzin Dino, les complices des années stambouliotes exilés à Paris.

Tel que me le raconta le jeune journaliste de *L'Humanité* présent sur les lieux : gare de l'Est, un comité d'accueil attend le train en provenance de Vienne. La lourde locomotive s'approche, une tête puis un buste s'échappent d'une fenêtre. C'est Nâzım qui trépigne, agite son chapeau et hèle Güzin, en essayant de couvrir le boucan de la machine. On n'entend rien. Il s'époumone de nouveau :

– Güziiin, Güziiiiiiin, il nous faut sauver Fuzûlîîîîî !

Fuzûlî ? Qui en Europe connaît ce poète du XVIe siècle, né et mort à Kerbela, au cœur de l'Irak, mais tombé dans le canon littéraire stambouliote ? C'est que l'Azerbaïdjan souhaite en faire son poète national et Nâzım, chauvin dans l'âme, veut leur damer le pion. Les journalistes quémandent des explications. Les amis applaudissent à tout rompre. On rit, on pleure. Embrassades, photographies.

Arrivé seul – une marque de confiance du Parti que de le laisser pérégriner sans une délégation pour le cornaquer –, il logea tout le mois de mai à l'hôtel de Suède, au 15, quai Saint-Michel, à deux pas de l'appartement d'Abidin et Güzin Dino. Le hasard fit qu'il mit le pied chez nous la veille d'une grève générale. On lui demande ce qu'il souhaite visiter. Versailles ? Le Louvre ? Quelques autres hauts lieux de cette culture parisienne qui a tétanisé ses aînés ? Non, la grève et une usine Citroën, pour échanger avec les grévistes – ce qu'il fit. Il ira tout de même à Versailles, et puis encore aux Galeries Lafayette – l'homme est coquet et sa mise impeccable. Alors que la IVe République agonise dans les soubresauts de la guerre d'Algérie, il transforme sa chambre d'hôtel en quartier général, hante la mansarde d'Abidin et Güzin Dino, essaie de convaincre le premier de rejoindre le Parti, fait le tour de ses confrères peintres (Abidin connaît toute la peintrerie parisienne), signe des livres pour les camarades étudiants et tâte gaiement le pouls d'un Paris cocotte-minute. En privé, pourtant, il rumine une mélancolie sévère qui décontenance ses admirateurs les plus empressés : le maître n'a-t-il pas toujours exprimé le souhait de voir Paris ? Et n'est-ce pas, pour un poète communiste, la ville de tous les possibles ? Certes, mais vient un jour où l'on ne reçoit les promesses qu'avec la nostalgie du temps où elles auraient été une fête.

À son départ, il laisse une flopée de poésies d'un lyrisme convenu sur notre capitale, dont sept vers intitulés « Paris sans toi » que les lecteurs parisiens mal informés, dont j'étais alors, imaginèrent destinés à Münevver. Car si sa venue avait été précédée d'une lettre de Galina aux Dino, listant les instructions de la compagne garde-malade (ne pas lui faire monter d'escalier, ne pas le laisser fumer, s'assurer qu'il prenne tous ses médicaments, qu'il dorme dix heures par nuit, qu'il ne marche pas plus de deux heures d'affilée…), si quelques intimes se doutaient de l'existence d'une nouvelle conquête (Güzin me raconta des années plus tard une anecdote cocasse de parfum acheté en double exemplaire), c'est un autre détail qui avait arraché des « oh » et des « argh » aux camarades : dans son portefeuille, disait-on, une photographie de Münevver et du petit Mehmet, prise sept ans plus tôt, le 2 juin 1951.

*

Sur son divan, Nâzım louvoie depuis quelques jours, il digresse. Il fatigue, possiblement. Tant pis, on touche au terme. Quand j'évoque ce détail si poignant – l'exilé qui maintient les deux êtres chers dans la poche de sa veste, au plus près du cœur –, il flaire le mauvais coup. Il n'a pas tort. Malgré ses atermoiements, ses pertes de mémoire, il y a un épisode auquel, il le sait, il ne pourra échapper. Là où s'achemine notre récit ; là où je l'encercle, je l'accule.

L'année 1961 avait pourtant commencé sous les meilleurs auspices. 12 avril 1961 : Youri Gagarine s'envole dans l'espace. Rendez-vous compte ! L'humanité part à la conquête de l'univers sous la bannière du communisme triomphant, et l'on peut pour un temps rêver d'infini. Exactement un mois plus tard, le 12 mai 1961, Nâzım s'envole, lui, pour La Havane, avec un enthousiasme presque aussi fort. La République socialiste de Cuba n'a pas deux ans, et l'on vient de déjouer quelques semaines plus tôt une odieuse machination du voisin américain. Les lendemains de victoire – cette excitation, ces rêves exacerbés, ces tremblements de joie, cette absence de soucis, cette suspension de tout – c'est l'oxygène de Nâzım, là où il s'épanouit. Il est accueilli en compagnon de route et partage la table des guérilleros, des révolutionnaires burinés de soleil qui ont défié l'ogre capitaliste. Et gagné. Il couche cela en poème, comme il se doit.

À son retour, alors qu'il a tant à raconter, ses amis l'interrompent : ils lui ont concocté une affolante surprise. C'est Münevver. Elle a fui Istanbul en catimini, ses deux enfants sous le bras, échappant à ses gardiens, traversant l'Égée au risque de sa vie. Elle arrive dans quelques jours à Varsovie. Ainsi, après tant d'années, grâce à un plan ingénieux, une fuite rocambolesque, le poète peut enfin retrouver sa muse, la mère de son fils, sa cousine, celle qui lui écrit sans fléchir depuis dix ans. Et puis son fils unique, Mehmet (que, dans ses poèmes, il orthographie Memet, comme le fils de Piraye…), à qui il dédia quatre ans plus tôt, à Varna, des vers qui résonnent encore dans toutes les têtes.

En face, les rives de ma patrie,
depuis Varna je m'époumone,
entends-tu ?
Memet! Memet!

La mer Noire roule ses flots,
folle tristesse, folle tristesse,
mon fils, c'est toi que je hèle
entends-tu ?
Memet! Memet!

De la rive bulgare, Nâzım appelle désespérément son fils qui grandit sans père sur l'autre rivage. À l'aéroport de Varsovie pourtant, Nâzım n'est pas là pour les accueillir. Il attend à l'hôtel. S'ensuivent des retrouvailles sépulcrales. Pénélope qui vient demander des comptes à Ulysse resté auprès de Calypso. Il pare au plus pressé : il lui trouve un poste d'enseignante de turc à l'Institut d'études orientales de l'université de Varsovie, un appartement, puis il rentre dans ses pénates, retrouver sa place au chevet de la jeune Véra.

Que c'est médiocre et moche, l'envers des poèmes, de ces déchirants poèmes de Varna qui ont arraché des larmes au monde entier. Moche le quotidien du lyrisme. Que Flaubert a raison quand, agacé par le ronflant Lamartine, par le récit larmoyant et rococo de son amour pour la mignonne Graziella, il coupe court et réclame du concret : « Pour parler clair, la baise-t-il ou ne la baise-t-il pas ? » Les littérateurs parisiens – ceux que je fréquente tout du moins – ont gardé quelque chose de cette gouaille de bistrotier, de ce mauvais esprit de bande, et l'on s'est posé, concernant ces retrouvailles polonaises, des questions du même tonneau, quoiqu'avec moins de style et plus de détails.

Alors même que j'arrive au croustillant, au sordide, au coup de grâce que l'on avait disséqué avec délectation à Paris, je recule et j'ai honte. On s'est beaucoup gaussé. Trop. Dans les cafés parisiens à un franc la consommation, médire tient de la nécessité pour des bataillons de gribouilles sans-le-sou qui enterrent de la sorte leurs propres rêves de grandeur. Dans son salon, je cale. Avec des ignominies de cet acabit, on achève les grands hommes. Le pauvre Jean-Jacques Rousseau ne s'en est toujours pas remis et, dans toutes les écoles, quand on enseigne *Émile ou De l'éducation*, son ennuyeux traité sur l'éducation des enfants, des cancres chuchotent: « Le salaud, il a abandonné ses gosses à l'assistance publique. » Ricanements satisfaits. Je le sais: j'en fus. Une telle ignominie, ça ne vous colle pas seulement à la peau toute votre vie, ça empeste encore votre œuvre pour l'éternité.

Pourtant, est-ce si incompréhensible? Une ignominie, certes, au vu de sa poésie, de sa prose, de ses poses. Mais il est tard et le lecteur, à ce point du récit, ne se berce plus d'illusions. Rien que de banal, il est amoureux d'une autre, voilà tout. Et puis ajoutez là-dessus dix années encore. Dix longues années, ça pèse. Lui a presque soixante ans, une santé en miettes, quelques hivers à tirer. L'un vient de se marier et de garnir son appartement, l'autre a quitté son foyer pour rejoindre un fantôme: la messe est dite. Alors, on s'efforce, dans cet hôtel glaçant de snobisme où l'on s'est donné rendez-vous, de garder une consistance – ou pas : dans les rares moments de sa vie qui réclamaient de la densité, Nâzım en manqua singulièrement. Il raconte l'épisode d'une voix blanche, les faits, rien que les faits – je ne serais pas surpris qu'il me donne le numéro des chambres d'hôtel –, en fixant ses chaussons, déglutissant avant chaque phrase, avec la concentration d'un fakir sur un tapis de clous. Si le sujet n'était ce mythe moderne que sont Nâzım et Münevver, il n'y aurait là que la confirmation d'une évidence : il n'y a pas de séparation heureuse. À distance néanmoins, notons-le, Nâzım fut un homme attentionné, prévenant, fidèle en correspondance, d'une fidélité qui force l'admiration. Un homme à aimer de loin. Je comprends qu'il voit son fils, quoique peu.

La séparation avec Münevver avait été suivie et commentée comme un feuilleton par les communistes parisiens. Avec des sanglots, des colères, des leçons de morale et des cochonneries. Circulaient des copies de lettres dont on ne savait si la lecture relevait de la poésie ou du voyeurisme. Certains se sentaient floués. Il n'est pas dupe, et cela le blesse. On écorne ce qui constitue son petit pécule : une image de poète maudit, accablé par le sort, persécuté par les bourgeois de tous pays, victime lyrique de ce bas monde. Mais ce qui le ronge par-dessus tout, c'est son intimité exposée, publicisée, offerte aux lazzis et aux cancaneries. Les gens ricanent, les écrivains surtout, qui n'ont pas besoin de trop forcer leur nature pour conchier leurs confrères. Il attribue cela – non sans raison – à ce coin de succès, compté en unes de journaux, qu'il a acquis de haute lutte et que chacun lorgne avec envie.

– Tu verras, les gens sont horriblement jaloux, tous autant qu'ils sont. Et constamment avec ça. Mais les écrivains, eux, s'en rendent malades. Je n'y suis pas insensible non plus, remarque, quoique cela m'arrive moins souvent : ça doit être la rançon du talent et du succès. Quand j'ai lu les poèmes d'Orhan, je ne te cache pas un petit pincement. Sache-le pour la suite : les écrivains ont plus souvent des ulcères que du succès.

Car l'homme est pudique à ses heures. Le regard des autres, qu'il a tant recherché, se révèle chose ambiguë – il exacerbe tout. Il aurait bien besoin de s'immerger à nouveau dans le bain stambouliote, car il a oublié ce que le bas peuple ne sait que trop bien : à exposer ainsi son bonheur, on l'évente, on suscite la jalousie et on s'attire irrémédiablement les pires coups du sort.

*

Ensuite ? Ensuite se succèdent encore les voyages. Berlin-Est en septembre 1961, Le Caire, Leipzig, Prague, Leipzig encore, Leipzig souvent – il a son rond de serviette à *Notre Radio*, radio en turc où il dissèque l'actualité politique de son pays. Ensuite, la nostalgie d'Istanbul et de sa mère qui le mine à coups de pioche, les poèmes rédigés sur un coin de table, oscillant entre dépression et lyrisme. Ensuite, la fatigue, le trait du cardiogramme qui oscille dangereusement. En 1962, enfin, il obtient la citoyenneté soviétique, par intervention personnelle du camarade

Khrouchtchev. Et puis ce dernier voyage à Paris, le mois dernier, pour le réveillon du Nouvel An. Que dire d'autre de sa vie quotidienne à Moscou ? Il va au concert, au théâtre, au cinéma, à l'hôpital, fréquente artistes, médecins et poètes. Son endroit préféré, le seul où il s'échappe et s'oublie complètement, est l'entrejambe de Véra. Il est peut-être heureux, qui sait, mais ne s'endort jamais sans somnifères.

10

Les heures de papier

Nâzım est malade. Les bronches. Véra, de retour, me regarde de travers, me rendant responsable de la situation, et me congédie en économisant au maximum sur la politesse. Je n'ai pas su prendre soin du maître qu'elle m'avait confié, et elle n'est pas ravie de se coltiner ce malade. Depuis sa chambre, Nâzım grogne quelque chose. Un livre, un manuscrit et une liasse de papiers ont été déposés à mon intention sur le chevet de l'entrée : une quinzaine de poèmes tapés à la machine avec, en exergue, une écriture manuscrite (« à traduire en français ? ») ; *Y a-t-il eu un Ivan Ivanovitch ?* en turc, raturé, annoté, probablement l'original à partir duquel a été effectuée la traduction en russe (et c'est du russe que l'on traduira la pièce vers le français) ; *Oncle Vania* de Tchekhov, reliure cartonnée, écorné, en russe. Vers la fin du livre a été glissée une photo de lui et de Véra à Paris, en compagnie des Dino, devant la fontaine Saint-Michel sur la place éponyme.

Je prends mon dû et décampe avant de me faire réprimander. Pas envie de rentrer à l'hôtel ni de flâner dans ce froid matinal, je m'engouffre dans le premier café de la rue, qui me faisait de l'œil depuis des jours. Quand le serveur voit la masse de papier et de livres, il s'assombrit : encore un qui confond le café et le bureau, les journées sont suffisamment difficiles pour ne pas s'enquiquiner de scribouillards sans le sou. Le quartier se donne des airs et les clients sont guindés, mais y règne ce même climat de défiance et d'étouffement moral qui me poursuit depuis mon arrivée. Un plus doué saurait faire une histoire de ces fronts bas, regards qui puent le soviétisme, quarante ans de misère, et de ces rides précoces au crédit de Staline. Mais moi qui ai passé tant de ma jeunesse à polir mon savoir sur la Turquie, je me retrouve ici dépourvu et ignorant, sans grande curiosité non plus pour ce passé qui s'exhibe. Je sais maintenant me tenir à bonne distance des douleurs et des drames qui ne sont pas les miens.

Y a-t-il eu un Ivan Ivanovitch ? Je lis le tapuscrit d'une traite, devant un bouillon fumant où surnage trop de betterave à mon goût, en secouant la tête de désapprobation et en l'apostrophant mentalement : « Pourquoi, Nâzım, pourquoi ? » La censure soviétique avait, une fois n'est pas coutume, œuvré en faveur des lettres. L'histoire : le brave dirigeant soviétique d'une petite ville provinciale s'occupe avec diligence de ses administrés – répondant lui-même au téléphone, aidant sa secrétaire, refusant que l'on accapare les moyens publics à des fins personnelles. Le dévouement du communiste idéal qui offre sa vie à la cause. Jaloux (pour on ne sait quelle raison sinon sa méchanceté), un sous-fifre du nom d'Ivan Ivanovitch – un nom qui traîne dans l'histoire et la littérature russes, peut-être emprunté à Nicolas Gogol – jure de le détruire et, par la flagornerie, la manigance, le fiel, parvient à retourner le brave homme comme une crêpe. En à peine une scène, celui-ci devient imbu de sa personne, grandiloquent, inefficace. Quand, après des péripéties peu crédibles, le brave dirigeant reprend ses esprits, comprend son erreur et veut punir le coupable, personne ne se souvient d'Ivan Ivanovitch. Y a-t-il eu un Ivan Ivanovitch ? Clin d'œil appuyé, surligné, de l'auteur aux spectateurs : « Vous aussi vous avez compris ? Cela m'intéresse beaucoup de savoir si vous avez compris : Ivan Ivanovitch a-t-il, oui ou non, existé ? » Pitié, Nâzım ! Pourquoi piétiner ainsi le seul avantage de ta pièce ? Que de chevilles, de ficelles, qui auraient dû rester dans les cartons des théâtres étudiants. Et que vient y faire ce moralisme éléphantesque ? Est-ce par ce tour de passe-passe que tu comptes expliquer le stalinisme enfin mis à nu ? Va donc demander à ton camarade Nikolaï Ekk ce qu'il en pense… Oui, certes, une satire du système soviétique, de son très bureaucratique culte du chef, de sa novlangue creuse et insubmersible. Mais tellement circonspecte, respectueuse, qu'elle vire à la fable du bon et du mauvais communiste. Difficile de croire que c'est le même écrivain qui signe d'aussi touchantes poésies.

J'en retiens peu de choses, si ce n'est une courte tirade sur l'inconstance des hommes, savoureuse sous sa plume, et la ferme conviction que, sans la prison et l'exil, un retentissant succès comme réalisateur de navets cinématographiques lui était assuré : il maîtrise tout de cette guimauve dont on abreuve les foules.

De dépit, je commande un verre de vodka Stolitchnaïa qui me fait monter les larmes aux yeux et me rallie le serveur – lui-même s'en enfile d'aussi bonne heure en cuisine. Ce Nâzım qui m'a parlé avec des trémolos dans la voix de Shakespeare, de ces troubles intérieurs, de ces personnages qui ne sont ni lard ni cochon. Je me console en me disant que la pièce fut écrite pour être traduite en russe, pour être vue sur scène. Nâzım fit ses premiers pas dans le théâtre expérimental du Moscou des années vingt, et lui-même s'est qualifié de dramaturge de troisième catégorie – mais sans se demander pourquoi diable le théâtre le fuyait. Stambouliote en cela. Alors qu'il fut biberonné à la poésie – aux poésies, des maîtres de la Perse médiévale aux avant-gardes parisiennes –, je doute qu'il y ait acquis une quelconque culture théâtrale, si ce n'est le théâtre d'ombres dont il a gardé les outrances sans en avoir la gouaille. J'ai oublié d'écrire cela : une enfance à applaudir Karagöz, le Guignol local, dans les rues d'Istanbul, occasion précoce de s'encanailler parmi la plèbe en se gavant de graines de tournesol. Néanmoins, je crains que le fond de l'affaire ne soit plus préoccupant : il souffre d'un manque cruel de psychologie qui, au théâtre, vire au tragique.

Au deuxième verre, j'en ris sous cape. Je pense à toute cette œuvre sous pseudonyme : les articles de journaux, le théâtre, les scénarios de films, les traductions, à ce Nâzım prolétaire de l'écriture, qu'il ne faut pas juger au résultat, mais à la paye. D'ailleurs, même quand on est poète, ne veut-on pas, quelquefois, son lot d'applaudissements ? Rien de plus grisant qu'une salle obscure qui vibre, que ces anonymes qui vous aiment sans même vous connaître. Et puis, les stakhanovistes de l'écriture ont toujours eu ma sympathie. Moi, je rêve d'écrire de mauvais romans policiers, de ceux qui s'achètent en gare et sont dévorés avant même l'arrivée du train. À croire que ce sont les bons textes qui vous vaudront le plus d'éloges, on se prépare bien des déconvenues.

Le second livre m'intrigue, avec sa couverture fanée et ses pages écornées. Il sait que je ne lis pas le russe. Il se doute que je connais la pièce, ou du moins l'intrigue : on a longuement parlé de Tchekhov, qui m'avait prodigieusement ennuyé avant que je n'en découvre les timides beautés. De fait, je la connais. *Oncle Vania* : après une carrière à la capitale, un vieux professeur revient avec sa jeune femme s'enterrer dans cette propriété provinciale dont les revenus ont entretenu son succès mondain, parmi ces gens modestes qui ont soigneusement veillé à l'intendance et qu'il veut encore écraser de sa superbe révolue. Ce grand homme pour lequel on s'est saigné aux quatre veines s'avère d'une médiocrité déconcertante. Ou plutôt, *Oncle Vania* : l'ennui provincial, la veulerie des hommes, les jeux cruels et gratuits de l'amour dépareillé, les vies futiles et déjà bien entamées, chacun les yeux rivés sur sa mort. Et puis le samovar fumant au milieu de tout ça, campé en personnage principal. Dans la tirade finale, la vie est une succession de journées harassantes et de mornes soirées en attendant cette fin dernière qui est la promesse d'une éternité de bonheur. Une ode à la résignation. Un anti-Nâzım :

Que faire ? il faut vivre. Nous vivrons, oncle Vania ! Nous vivrons une longue série de jours, de longues soirées… Nous supporterons patiemment les épreuves que nous enverra le destin. Nous travaillerons pour les autres, maintenant et dans notre vieillesse, sans connaître le repos. Et quand notre heure viendra, nous mourrons soumis. Et là-bas, au-delà du tombeau, nous dirons combien nous avons souffert, pleuré, combien nous étions tristes. Et Dieu aura pitié de nous. Et tous deux, nous verrons, cher oncle, une vie lumineuse, belle, splendide. Nous nous en réjouirons, et nous rappellerons avec une humilité souriante nos malheurs d'à présent. Et nous nous reposerons. Je crois à cela, mon oncle ; je le crois, ardemment, passionnément… Nous nous reposerons !

C'est ça qu'il y a de profond et d'apaisant chez les Yunus Emre, les poètes mystiques d'Anatolie, ça de lumineux chez Khayyam ; pas l'abattement, non, mais ce que le temps offre aux résignés joyeux : une sereine acceptation de ce qui est. Pour les plus mystiques, c'est la voie de la béatitude. Pour Nâzım, flanqué d'un optimisme à faire trembler les murs, la résignation fut un difficile apprentissage, il ne s'y enfonça jamais qu'à reculons. Alors, pourquoi me prêter ce livre ? Par humour ? Autodérision ? Un acte manqué ? Ou alors la preuve de son absolue mystification, d'une absence totale de recul ? Je n'en ai jamais reparlé avec lui. De l'autodérision, je ne lui en vis pas – mais peut-être que je lui reste étranger et que c'est là un indice. On m'avait d'ailleurs vanté son humour mordant. Car ce vieux professeur imbu de lui-même qui parade avec sa jeune épouse est peut-être le rapprochement le plus cruel qui puisse être.

*

Si je ne me souciais pas de vendre des livres, je rédigerais un chapitre entier de ma biographie sur sa bibliothèque, sur ces dizaines d'ouvrages qui occupent un pan de son bureau. (Lorsque je mis le pied chez eux, c'est cela qui m'aiguillonnait derrière tout le cérémonial de la visite chez le maître. Peu s'en fallut que je ne me jette dessus sans même dire bonjour.) Ou mieux encore, quoique plus ardu : écrire une biographie du poète par les livres. Pour chaque période : une photo et puis des livres. Enfant, joues dodues, fez, nœud papillon et cheval en bois : Rumi et Jules Verne. Parfait, les littératures française et persane, les poésies centenaires d'un mystique et les romans du capitalisme triomphant, qui en sont somme toute comme de petits manuels critiques – toute la richesse schizophrénique de l'Empire essoufflé. Ensuite, adolescent, dans son uniforme militaire : Ziya Gökalp, certainement, l'idéologue en chef du nationalisme turc. Mais aussi Baudelaire, le romantique tourmenté. Puis Moscou, le cheveu ras, avec l'énigmatique Nüzhet à ses côtés : Maïakovski peut-être, mais surtout les classiques du marxisme-léninisme potassés studieusement, rabâchés, les citations de *Que faire ?* mémorisées pour impressionner les copains et avoir le dernier mot (qu'est-ce qui pèse plus qu'une citation de Lénine ?). Que reste-t-il dans la poésie de Nâzım de ce communisme de manuel ? Presque rien. Des citations. Un certain esprit de sérieux surtout – sa poésie, son lyrisme, manquent cruellement d'humour. Je m'en rends compte en me remémorant ces vers de Blaise Cendrars, lus ailleurs et avec d'autres :

J'ai envie d'assassiner quelqu'un au boudin ou à la gaufre
pour avoir l'occasion de te voir
Car je ne t'ai jamais vu

C'est écrit pour un oncle d'Amérique, mais il n'empêche, quelle déclaration ! Et une dérision, qui était tout de même l'autre pendant de cette révolution début de siècle.

Du marxisme-léninisme (qui vaut tellement mieux que ce catéchisme étatique qu'il est devenu) lui est aussi resté un amour du peuple, une confiance éperdue en lui – un peuple fantasmé qui, dans *Y a-t-il eu un Ivan Ivanovitch ?* est incarné par « l'homme à la casquette », bourru, sans détour, mais bon gars et pas dupe pour un sou. En préambule, il déclare benoîtement : « Je suis le peuple, un point c'est tout. Je suis à la fois l'ouvrier, le kolkhozien et l'intellectuel. » Voilà qui est... touchant. De l'amour à distance. Mais qu'est-ce que Nâzım, petit-fils de pacha, connaît du peuple – de l'ouvrier et du kolkhozien plus spécifiquement ? En Turquie, les rôles sont établis une fois pour toutes et allez donc en sortir ! Petit-fils de pacha on naît, petit-fils de pacha on reste jusqu'à la tombe. Même en prison, on ne mélange pas les torchons et les serviettes, et j'ai dans l'idée que, pour ses geôliers, mon Nâzım était un joli napperon blanc qu'il ne fallait pas souiller (cela ne s'applique pas aux militaires qui sont les vrais maîtres du pays et ont licence de brûler tout le trousseau si nécessaire). Chaque fois que Nâzım évoquait les villages anatoliens, je maugréais intérieurement : oui, les villageois sont à l'occasion bons vivants et pragmatiques, mais tout autant querelleurs, alcooliques, mesquins, jaloux, cancaniers, bas du front, égoïstes. Plus durs avec leur voisin qu'avec l'étranger de passage, surtout le puissant, que l'on accueille avec force courbettes et débauche de fruits secs. J'avais appris ma leçon dans un méchant hameau de Picardie, et savais l'Anatolie être autrement plus raide.

Continuons. Les années trente, dandy stambouliote, cheveux gominés, soigneusement peignés, avec ce je-ne-sais-quoi de forcé qui lui donne de faux airs de vedette de cinéma : il lit Aragon, des traductions d'auteurs américains, mais aussi les scripts de films et les journaux, trop occupé à polémiquer, à courir la ville, à rencarder. Dans les années quarante, élégant taulard : Khayyam redécouvert. Jack London pour s'évader. Tolstoï l'hiver, *Guerre et Paix*. Il se fait traducteur attentif du verbe des autres. Aujourd'hui, exilé, il se jette sur tout ce qui s'écrit en Turquie, tout ce qui s'écrit en turc – tout ce sur quoi il peut mettre la main. Boulimique. C'est une période faste pour la littérature turque, pour la poésie en vers libre, pour la nouvelle, et lui a une connaissance fabuleuse de ce qui se publie de nos jours. Il goûte la langue, ses transformations, comme d'autres le bon vin – et traque sa propre influence dans telle ou telle tournure, direction, évolution. Il guette ce qu'il en est de son legs, de sa postérité, qui n'est pas négligeable et qu'il exagère quelque peu. Il a parfois – souvent – la dent dure avec ses collègues. Mais nulle part n'éclate plus ce nationalisme candide, nationalisme d'écolier, qui ne l'a jamais quitté sous les dehors d'un internationalisme professé.

*

Repu, j'ère en somnambule dans cette ville-rébus, de nouveau blanche comme un os. J'éparpille mes derniers billets. Je commence à pouvoir laborieusement déchiffrer le cyrillique et repère de rares emprunts au français, ce qui me procure quelques amusantes découvertes, ainsi des mots « décolleté » et « dépression » glanés dans le même titre de journal, et je donnerais cher pour savoir avec quelle fantaisie l'auteur a pu les accoler. Je passe devant une librairie comme un poisson rouge, me ravitaille en pistaches et en mandarines, m'installe à ma table. Après moins d'une heure de travail, révélation : qu'il soit malade autant qu'il veut, à présent je le sais, je le tiens tout entier dans mon livre.

Dîner de thé, de pain de seigle, de noisettes et des provisions de la journée. À la toute fin de la soirée, apaisé, les doigts collants, je sors la liasse de poèmes. Cinq années de poésie que j'ai gardées pour la nuit. Ces derniers écrits s'accrochent à moi, prennent racine ; plus courts, affûtés, certains font même l'économie d'un titre. On y sent l'empreinte de la mort, le silence, sans rien qui pèse ou qui pose. En deçà de tous ces idéaux qu'il a portés sa vie durant. Il ne s'y croit plus responsable du moral des troupes – peut-être a-t-il compris que l'avenir radieux (serait-il encore envisageable) n'est plus de son ressort, qu'il lui reste à se concentrer sur l'être humain, sa vie, sa mort, maigres choses mais délicates pour peu que l'on s'y penche. Le lyrisme est en berne. En subsistent quelques embardées, bien sûr, mais comme une mauvaise habitude dont on peine à se défaire. Je feuillette distraitement ces années de papier et, déjà, il me faut me dédire quant à l'humour :

> Ces derniers temps, je vis tout comme un haricot
> comme un haricot sec
> de ces haricots secs l'on fait du *pilaki*
> de moi, pas même cela.

Le *pilaki* : haricots blancs, carottes et pommes de terre, cuits dans l'huile d'olive avec ail, oignons et purée de tomate, une cuillerée de sucre et, pourquoi pas, quelques feuilles de persil. Servez froid, accompagné de fromage frais, d'un écrasé de tomates pimenté, d'une purée d'aubergine et de *rakı*. Moi qui, depuis des jours, n'ai dans le ventre que de piètres nourritures, j'en ai l'eau à la bouche – il est grand temps que je rentre festoyer autour d'un pot-au-feu ou d'un couscous en digne compagnie. Plus loin, il est question des fleuves de Sibérie, de camions roulant à toute bringue et du dégel printanier, d'éclairs brillants sur Moscou, de bains de mer à Bakou, de pluies tièdes sur l'asphalte et de choses plus belles les unes que les autres, quand on cogne à la porte. C'est un voisin, carrure de boxeur, peut-être celui que j'agace depuis des jours. Après avoir échappé ce matin à Véra, je vais donc finalement me faire enguirlander en russe ? Pas du tout. Il est venu voir l'étranger de l'hôtel, que l'on dit de plus écrivain, pour égayer sa soirée et en parler à ses amis. Dès que je recule, il entre sans manières, pose la bouteille de vodka sur la table et s'assied sur mon lit. On ne se comprend pas, mais je saisis qu'il vient de Kiev. Il désigne ma machine en gloussant et en répétant *pissatel*. Quant à moi, j'ai appris le mot *poèziïa*. Poésie ? Il s'illumine. Il ne connaît pas Nâzım mais me récite du Maïakovski avec une aisance qu'on ne trouverait pas facilement de par chez nous. Puis il m'énumère une liste de poètes russes, en crescendo sonore et physique, jusqu'à Pouchkine qu'il prononce en étirant au maximum les deux maigres syllabes, et en moulinant des bras. Je devine qu'il le place au-dessus de tout. Je débite à mon tour un annuaire des gloires littéraires de France, qui ne rencontrent qu'un sourire poli, à l'exception de Hugo et de Baudelaire. Le jeu s'épuise vite et mon invité retourne à ses pénates, bien aise de s'être laissé dissuader de m'offrir cette bouteille dont il a grand besoin. Pauvre de lui, avec un Russe, certainement, on aurait fraternisé jusqu'au cul de la bouteille, on aurait récité du Pouchkine en chœur et, après avoir sorti un ou deux saucissons, maudit le Parti sur trois générations. La soirée aurait été mémorable. Mais voilà, je suis français, et j'ai du travail.

Le dernier poème de la pile s'intitule « Mes funérailles ». Ou serait-ce « Mon enterrement » ? Y passe une intraduisible résignation, même devant les pirouettes du langage, et je bute contre quelque chose de trop simple, de trop prosaïque pour passer la douane. J'y glisse quelques alexandrins pour pallier une traduction bancale. Peut-être qu'avec deux gorgées de vodka j'aurais été mieux affûté. J'avance à tâtons. Et puis, au dernier vers, une tuile. *Avludaş*. Un joli néologisme, fort à propos, composé de *avlu*, la cour, et du suffixe *-daş* qui marque ce que l'on a en partage. *Arkadaş* : celui avec qui je partage un dos, soit l'ami – *he's got my back*, disent les Anglais. *Avludaş*: celui avec qui j'ai une cour en partage. Mais allez traduire cela… Compagnon de cour? Voisin? L'heure avance, les yeux fatiguent. Disons: ami. Confrère, compère? Je sèche. Va pour confrère, ça sonne un peu comme du Villon et puis, si les vers sont à lui, la traduction est à moi. Art difficile que la traduction, bien modeste, bien lent, on s'y fait plus petit et l'on s'accommode du moins-que-parfait. À cette irritation qui me prend, je sais que je n'y suis pas encore.

MES FUNÉRAILLES

Est-ce de notre cour que partira le cortège?
Et comment donc me descendrez-vous du troisième?
Le cercueil n'entrera pas dans l'ascenseur,
les escaliers sont trop étroits.

Peut-être dans la cour du soleil, des pigeons,
peut-être de la neige et puis des cris d'enfants,
peut-être de la pluie et du bitume mouillé.
Dans la cour en tout cas toujours ces mêmes poubelles.

Si l'on m'emmène, comme on le fait ici,
le visage découvert, qui sait si un pigeon…
Que l'orchestre vienne ou pas, les enfants seront là,
curieux qu'ils sont des morts.

Me suivront du regard nos fenêtres de cuisine,
notre balcon, son linge.
Moi j'ai vécu heureux dans cette cour, sachez-le.
Confrères, à vous tous une longue vie…

11

Adieu Nâzım

Dernière visite au maître – demain, le train Moscou-Paris : subir de nouveau les douaniers, les voisins pénibles, la troisième classe, l'ennui de ces plaines qui restent sur l'estomac. Usine-forêt-champ-forêt-usine-rien-champ-forêt. Des heures et des heures et des heures durant. Impossible d'écrire dans les cahots, les casse-croûtes de hareng fumé dont on garde l'odeur une semaine, ces thés renversés par des voisins somnolents.

Nâzım est remis sur pied, malgré une toux persistante. Aucun fantôme à l'horizon, si ce n'est le sien : j'ai l'étrange sensation qu'il s'efface de jour en jour et rejoint ce théâtre d'ombres de son enfance. Un grand soleil tambourine contre les vitres, la radio grésille dans le bureau, tout respire le ménage. Pour la première fois, la petite Anna, la fille de Véra, est dans l'appartement, peureuse. Elle m'observe, je crois, depuis l'autre pièce, sa poupée à la main. Dans le salon trône une valise ouverte : chemises et caleçons méticuleusement pliés, livres, trousse de toilette. Nâzım aussi quitte Moscou sous peu, énième voyage qui m'était complètement sorti de la tête. Où donc ? Tanganyika. Soit. Il m'enseigne que ce petit pays (capitale : Dar es Salam) vient d'obtenir l'indépendance des Anglais, après avoir connu la domination des Allemands, et qu'ils sont fin prêts à s'adonner eux aussi aux joies de l'humanisme triomphant. Pourquoi pas, qui n'a pas aujourd'hui grand besoin de partage et de socialisme ? L'URSS en exporte à tour de bras. J'aurais quant à moi besoin de soleil. À lui, je conseillerais le repos. Mais il est étonnamment guilleret, apaisé. Il semble une fois encore avoir tout le temps du monde. Légèreté retrouvée ou ivresse des nouveaux départs ? Je le sens à l'aube d'une nouvelle crise de lyrisme.

« L'Afrique, mon garçon, as-tu été en Afrique ? » Non. Il me parle du Caire où il fera escale et où ils ont déjà séjourné avec Véra, de son amour pour ce continent, de son amour pour Véra, et je ne sais plus si les courbes vallonnées, les nuits humides, les odeurs corporelles entêtantes sont celles qui l'attendent à la descente de l'avion ou celles qu'il parcourt nuitamment. Il épluche machinalement des mandarines, en chaussons. Nous avons déjà éclusé sa vie, année après année, femme après femme, livre après livre et, moins d'un mois après mon arrivée, ne nous reste que le plus essentiel : le badinage et le thé bouillant. Il croque dans les quartiers de mandarine avec gloutonnerie, en plein milieu, pour les faire exploser entre ses dents. Lui, si prompt à parler de sa personne, est d'évidence soulagé d'en avoir terminé et ce n'est qu'à ce moment que m'apparaît la rude épreuve à laquelle je l'ai soumis. Car il fait profession de ne parler que du présent et du futur : du futur surtout, le travail des poètes selon lui. Mais ces derniers temps, alors même qu'il avait démarré sur les chapeaux de roues et que nous nous rapprochions du présent, il digressait de plus en plus, avec constance; un mot, un nom, une odeur le ramenait à une scène que nous avions évoquée, mais sous une lumière différente. Chaque nom semblait plus lourd, chaque date plus coûteuse. Les digues du refoulé baissaient dangereusement. Son arrivée à Paris en 1958 amenait par contagion à Münevver et son charme de Française, à sa mère et aux cartes postales envoyées de Paris, sa mère qui pour lui incarne notre capitale – sa langue, sa peinture, ses pianos, ses rues. Et alors, nous repartions à Kadıköy, années dix, ces dimanches ennuyeux dans une ville ivre de neige, Jules Verne, les disputes dans la pièce adjacente, les cris, les coups parfois, et alors Jules Verne encore, Jules Verne surtout: comme du coton dans les oreilles.

Ces constantes régressions m'irritaient, agrippé que j'étais à ce livre, à sa chronologie, à mon ultimatum et à la somme que je compte en tirer – ma gazinière risque l'apoplexie, mes rideaux datent de Mathusalem et avec cette naissance qui nous vient… Et puis, une fois les chapitres écrits, allez donc modifier cela. Aujourd'hui, je le vois ravi de pouvoir enfin refouler tout ça, rehausser les digues et rechausser la longue-vue.

– La prochaine fois, nous te sortirons de Moscou. Et toi, tu m'apporteras un livre de cet Henri Michaux dont tu m'as tant parlé. Mais ne traîne pas trop, mon garçon, ne traîne pas trop.

J'en oublie presque l'essentiel: lui faire signer l'autorisation de traduire et de publier ses poèmes. À l'heure des adieux, avec ce sésame bien en poche, je me surprends à une tendresse qui me submerge. Dois-je l'écrire ? J'aime être à ses côtés. Est-il possible qu'un homme soit plus beau par ses défauts, ses coutures plus attachantes que ce vernis qu'il se donne ? Je suis happé par cet inoxydable optimisme, qu'il vous partage par pleines cuillerées et qui me revigore immanquablement – moi, si naturellement porté au spleen. Irritant bien sûr, mais il déploie des espaces et des replis, des alcôves, dans une vie qui, d'ordinaire, en manque outrageusement. Je me rappelle alors la formule d'un ami qui le fréquenta brièvement à Paris – « Santé fragile. Excès d'enthousiasme. » – et m'enquiers de sa santé.

– Mon garçon, vous pourrez clôturer votre biographie bien assez tôt. Je viens d'ailleurs d'écrire une lettre pour le Comité central.

Il se lève et va chercher sur la machine à écrire ce que j'avais pris pour un poème. Je cite de mémoire la traduction qu'il m'en fit :

> *Camarades,*
> *Je suis fort malade. Mon cœur ne tient qu'à un fil. Dans quelques jours, je m'envolerai pour Tanganyika y porter haut et fort la voix du communisme. Vous m'avez accordé la citoyenneté soviétique : je vous en remercie. En vérité, je casserai ma pipe dans peu de temps. Pour moi-même, je ne demande rien. Mais il y a deux personnes auxquelles je tiens plus que tout : mon fils Mehmet et ma femme Véra. S'il m'arrive quelque chose, je les confie au Parti. Prenez-en grand soin.*
>
> *Nâzım Hikmet-Borzecki*

Son fils Mehmet ? Merci Nâzım pour ce rappel, j'étais près de l'oublier. Il n'apparaît plus dans les poèmes depuis 1957. L'amour pour Véra avait supplanté la nostalgie de son fils. Ce fils d'aujourd'hui bientôt douze ans qui aura hérité d'un nom mais pas d'un père. Pardon, pas même d'un nom, puisque ce Ran choisi à la va-vite, comme une mauvaise blague, tu l'as aussi abandonné, n'est-ce pas ? Au profit de celui d'un obscur bisaïeul polonais. Tu l'as revu, deux, trois fois, tu lui écris. Lui qui maintenant réside à Varsovie, avec sa mère et sa demi-sœur. Malgré le portrait en grand format qui orne le salon, ce ne sera qu'une ombre dans ta biographie. Quelques poèmes. Cher Nâzım, aurions-nous été plus proches, je te l'aurais dit, en confidence : ce n'est pas avec des poésies, ni même avec des lettres, des bons sentiments ou des cargaisons de lyrisme que l'on fait des pères et, si tes écrits sont bouleversants, un fils ne se nourrit pas de cela. Tanganyika, Pékin ou Vladivostok peuvent attendre. Avec ce cœur en sursis, avant de devenir toi-même fantôme, prends vite ta valise et file embrasser cet enfant qui est le tien et mérite bien un adieu, parle-lui une nuit entière, lis-lui les aventures du comte de Monte-Cristo – est-il permis de n'entendre la voix de son père qu'à travers la radio ? –, rassure-le et prends dignement congé. Quel qu'en puisse être le coût, ce sera toujours bon marché. *Si tu ne peux en prendre soin, ne plante pas même un arbre.* Mon père, je le sais, m'aurait suivi jusqu'en Arctique. Les contradictions, les reniements, les manquements d'une vie : qui de nous n'en traîne sa pleine charrette ? Mais n'as-tu jamais pensé qu'à exposer ainsi sa vie, il faut aussi la rendre cohérente ?

– Écrivez bien que c'est cette santé, cette santé estropiée, qui m'a toujours poussé en avant. Elle m'a donné une faim de géant. Je voulais dévorer le monde. Aux années de prison, rajoutez donc les mois d'hôpital, les années d'alitement, les sanatoriums. J'ai pu tester une bonne partie des hôpitaux d'Istanbul et de Moscou. Je n'ai jamais rien écrit là-dessus – quand le corps nous fait faux bond, on n'a pas le cœur à l'ouvrage. Mais alité, on sait ce que vaut la vie : être debout, avoir de l'appétit, toucher une femme. Pour mes soucis les plus récents, tu demanderas aux camarades du Parti, comme te l'a conseillé *tombul* Ahmet, de l'ambassade : ils en savent plus long que moi. Quoique, je t'en prie, reste donc au-dessus de la ceinture, le reste ne concerne personne.

Rire-toux.

– En tout cas ce n'est pas fameux. Le cardiogramme me le répète à chaque visite médicale : je n'ai pas l'amplitude d'un vivant. Voilà dix ans que je vis en attendant le pire. Mais il me reste encore quelques lignes à écrire, les plus essentielles.

J'observe cet homme âgé à la respiration difficile, qui discourt maintenant sur le communisme et l'avenir de l'humanité. Ses gestes étaient-ils toujours aussi poussifs, son visage aussi marqué, aussi ténu le fil de son souffle ? Le voilà qui, à soixante ans passés, s'invente encore des possibles, des embardées lyriques, prêt à partir à l'autre bout du monde, qui s'efforce par la poésie de donner la magie d'un foyer à cet appartement qui n'en est pas un. C'est la demeure d'un poète que meublent d'autres humains. L'antre d'un ogre.

Si tu ne peux en prendre soin, ne plante pas même un arbre. Ses proches ne sont que des bûches dans les fourneaux de son usine poétique.

À moi aussi, le temps manque. Force est de constater que je ne l'ai pas pressé comme une éponge. J'ai recueilli de pleines brassées de détails, des lieux, des descriptions, des effets de manche pour mon récit : la rencontre avec Kemal, la tentative d'assassinat… Et assez de matière pour l'assassiner à mon tour. Est-ce que cela fait une vie ? Il est certainement illusoire de vouloir saisir une existence, de l'enserrer en quelques pages. Le précipité d'une vie, s'il existe, ne foule pas le papier. Ou peut-être n'est-il pas dans ce vertige des faits. Que de choses je m'imagine lui demander, si nous étions devenus intimes. Quelles sont ces lignes qu'il cherche encore ? Les mêmes que celles après lesquelles je cours ? Et avec nous des cohortes de gratte-papiers plus ou moins talentueux. Et surtout : est-ce que cela en valait la peine, camarade ? Est-ce que cela en valait la peine : cette gloire, ces lignes, à l'heure où les lumières s'éteignent et où l'on fait les comptes dans l'arrière-salle, dans une solitude d'huissier ? Je l'imagine me répondre : et toi donc, petit malin ? Toi, venu ici te payer ma tête, loin des tiens ? À cet instant, dans ce chassé-croisé de la petite Anna et du petit Mehmet loin de leurs pères – et puis moi ici, qui n'ai rien à y faire –, me monte une tristesse doucereuse et légère comme du champagne.

Maître, merci pour le drame, pour le portrait, pour ces failles exposées. L'image du grand homme, très peu pour moi. Les hagiographies m'ennuient. Ainsi ne sont pas les hommes. Mais « salaud », je le sais maintenant, je ne pourrai pas l'écrire – d'autres, peut-être, y seront plus autorisés. Alors, quelle est la chose la plus dure et la plus juste que je pourrais écrire à son sujet ? D'un coup, alors que lui digresse sur le bonheur des peuples, cela me frappe comme un coup de marteau sur un buste de Kemal : oublieux et nostalgique. Généreux et amoureux, oui, mais tout autant oublieux et nostalgique. C'est l'homme qui est ainsi. Je ne saurais dire pourquoi, mais ces deux mots accolés me procurent un apaisement incomparable. Oublieux et nostalgique. Cela a la patine d'une citation de Montaigne ou de Pascal. Cela me convient, me soulage. À Montaigne, il fallait, dit-on, tout le confort de sa bibliothèque afin de le détourner des vicissitudes de la vie. Pour moi, une formule à ronger comme un os, deux mots accolés ont toujours eu cet effet. Nommer cette torsion interne, la contradiction comme moteur d'un homme, celle qui le pousse dans le dos et lui procure tant la jouissance que les abîmes. Oublieux et nostalgique. C'est ainsi que lui tient, qu'il survit dans les décombres de son enfance et de ses renoncements. La nostalgie, c'est le passé après le nécessaire oubli, le contraire de la préoccupation quotidienne. C'est fuir le proche dans le lointain. Une mère n'est pas nostalgique de son enfant. Brassens chantonne dans ma tête : *Le temps d'apprendre à vivre il est déjà trop tard.* Pour le nostalgique, toujours, il est trop tard. Et n'est-ce pas la chose la plus détestable au monde ? Cette absence au présent qu'est toute nostalgie. Ce qu'il faut d'oubli, oubli des morts et des vivants. Ces illusions dont on se berce, auxquelles on se raccroche, les histoires que l'on se raconte. Le lyrisme qui vient colmater les failles, cacher les contradictions, le lyrisme à toute heure, lyrisme gratuit, lyrisme d'emprunt, lyrisme poitrinaire à expectorer une fois pour toutes, afin de vivre pour de bon. Plutôt que ce mot galvaudé de salaud (et à salaud, salaud et demi), il me semble que c'est le jugement le plus sévère qui soit – peut-être parce que j'y laisse moi aussi quelques plumes.

Nous partageons tous les deux cette excitation du départ, et une grande impatience de déserter cet hiver de pierre tombale. On promet de s'écrire, de passer le bonjour à ces messieurs que je ne connais pas sinon de vue, de faire bon voyage et de garder bon pied bon œil. Avant de prendre congé, Nâzım me met des mandarines dans les mains et s'enquiert de l'avancée de mon livre. Sans vanité aucune, par bienveillance, pure camaraderie professionnelle. Il répond à quelques interrogations et, quand il sent ce nœud d'angoisse, de doutes qui me submerge – plus je le connais, plus il m'apparaît impossible de le coudre dans du papier –, il m'arrête, paternel :

– N'y passe pas trop de temps, mon garçon. Il y a les Dino à Paris, au besoin. Pour le reste, tu inventeras. La vie est courte, mon garçon. Et vivre une bien belle chose.

C'est ce qui, sa vie durant, avait sauvé l'âme et la poésie de Nâzım : une désarmante aptitude à la bonté.

*

J'ai moi aussi un bagage à préparer. Ce séjour dans une Turquie soviétique m'a rincé. Des semaines à se glisser dans la vie d'un autre, à réchauffer par toutes sortes d'artifices cet hiver sinistre, à tisonner des lignes bien trop fades pour payer ce saugrenu voyage. Avant de devenir l'ombre d'un foyer qui n'est pas le mien, il me faut solder les comptes et mettre un terme à l'aventure, regagner un peu de couleur et prendre consistance là où je suis attendu. À peine rentré à l'hôtel, je tape neuf lignes à la machine :

> La vie serait bonne
> n'était cette impardonnable inconstance
> n'était cette humaine nature :
> oublieux et nostalgique.
> Pouah !
> Et ensuite que d'efforts
> pour,
> chaque jour,
> remettre les pendules à l'heure.

Je glisse la feuille dans une enveloppe et l'adresse à Nâzım.

Puis je me mets à l'ouvrage. Il me reste plusieurs chapitres sur les bras, que j'expédie prestement dans la nuit. La prison, qu'il avait évacuée mais dont, à Istanbul, tout un milieu d'opprimés entretenait religieusement le souvenir. Ses expériences cinématographiques. L'éreintant voyage entre Bakou et Moscou. Ses autres pièces, lues entretemps, son œuvre sous pseudonyme, foisonnante, inégale. La station de radio qu'il cogéra à Leipzig, son usage avisé des technologies qui s'offraient à sa génération. Anna, la fille de Véra que je n'ai qu'entraperçue, son fils Mehmet, et Memet le fils de Piraye, et Piraye, et les lettres qu'il lui écrivit, les femmes entrant et sortant de scène, les virées à Paris, son influence gargantuesque sur la poésie et le socialisme turcs, sa présence étouffante. Sa santé. Ses amis. Le visage ébloui de ceux qui l'ont rencontré. Ses premiers poèmes, le premier surtout, nommé « Incendie », le titre d'une vie. Jamais je n'avais travaillé avec une telle clarté d'esprit et un tel détachement. Dans un silence entrecoupé des chasses d'eau nocturnes de mes voisins, en lévitation, je clôture le dernier chapitre et ajoute ces trois lettres qui me font un bien fou :

FIN

12

Épilogue

Je ne revis jamais Nâzım.

À Paris, les paroles et les poèmes du maître me côtoyèrent un temps, dans le cliquetis des tasses de thé, au détour de chapeaux de feutre entraperçus dans la foule, chez les bouquinistes de Saint-Michel où je lisais Maïakovski debout sous l'œil mauvais des tenanciers, dans les aventures sibériennes de Michel Strogoff, dans ma cuisine à couper des oignons, dans les strophes de Brassens et les pages de Tchekhov, puis le présent reprit ses droits, impérieux. Oublieux, camarade, nous le sommes tout autant que toi, tous autant que nous sommes.

Vint ensuite la nostalgie, sous la forme de trois courriers, reçus à quelques mois d'intervalle.

Le premier de Véra, à l'été. En russe. La nouvelle nous était parvenue bien avant – crise cardiaque le 3 juin, sur le pas de sa porte, en ramassant le journal –, et je fus alors profondément attristé pour cet homme si généreux avec moi et envers qui je m'étais pris d'une sincère affection.

Mais la nostalgie, elle, est une autre espèce d'animal. La nouvelle de sa mort n'était qu'une information de plus qui traînait sur son compte. La lettre, qui resta longtemps sur mon bureau, lui restituait une matérialité épaisse, mystérieuse – je ne pris jamais la peine de faire traduire ce que Véra y avait écrit – et presque menaçante, comme un doigt accusateur qu'il agiterait sous mon nez.

Plus tard, on me raconta par le menu ce dernier théâtre : le sérieux pathétique du représentant de l'Union des écrivains soviétiques ; les flonflons grandiloquents des huiles du Parti, qui avaient oublié ce qu'il faut de décence et de recueillement pour prendre congé d'une âme ; le garçon, Mehmet, craintif, bougon, expédié de Varsovie pour l'occasion, qui refusa d'embrasser cette dépouille étrangère en cette terre étrange. Que tu as raison, mon garçon : un corps raide, glacé, c'est chose embarrassante. Moche, même, on peut le dire. Ne restent plus que les intimes pour y voir plus qu'un repoussant cadavre. Et intime, tu ne le fus pas. Trois femmes l'étaient et veillèrent le cercueil côte à côte : Véra, Galina et Münevver. Seule parla la première. Ce jour-là, on ne pipa mot en turc. Il n'y avait, Nâzım, ni colombe ni soleil, pas d'orchestre et peu d'enfants.

Je compris alors que, pour lui, cet écrivaillon français qui lui érigeait un mausolée de papier était un bien funeste présage – moi, oiseau de mauvais augure, l'indication qu'il fallait faire ses comptes et mettre ses affaires en ordre. Je n'en vis rien, tout à mon métier que j'étais, alors qu'il y avait là un homme à accompagner dans cette difficile et dernière impasse. Il repose aujourd'hui sous un monument de granit – ce qu'il faut de lourdeur pour marquer les grands hommes – au cimetière de Novodievitchi, aux côtés de Tchekhov, Gogol, Prokofiev et Maïakovski. Paix à son âme.

Je lisais les tirades de poncifs qu'égrenaient les journaux. Nâzım était : « généreux », « orgueilleux », « génial », « amoureux », « opposant aux totalitarismes », « si humain ». Humain, oui, mais quelle humanité avez-vous donc en tête ? Aragon s'en tira mieux. Cette semaine-là, on vendit du papier, plus qu'à l'accoutumée. Mais moins, tout de même, que lorsque Gagarine s'envola dans l'espace.

Par un testament rédigé le 10 septembre 1959, il léguait les trois quarts de sa fortune à Münevver et à son fils, le quart restant au Parti communiste de Turquie. Sa fortune, c'étaient les droits d'auteur, qui s'avéreraient par la suite une coquette somme. Véra, qui n'était pas mentionnée, récupéra l'appartement moscovite. Plus tard encore, des années plus tard, Münevver et le jeune Mehmet vinrent vivre à Paris. Lui, me dit ce dernier, aurait opté pour mon titre initial, sans rechigner au « salaud ». Il me fit un récit au vitriol de l'épisode polonais, pétri de ressentiment : un père obnubilé par ses poésies, qui ressassait l'idée de sa mort en faisant du gringue aux jeunettes de la table adjacente… J'en conçus une pitié fraternelle tant pour ce fils déçu que pour ce père déchu. Münevver, elle, traduisait son ex-compagnon en français pour le compte des éditions Gallimard, en femme dévouée et, je me dois de le dire, avec plus de talent que je n'en eus jamais.

Deux mois plus tard arriva la lettre de mon éditeur : refus argumenté. Plus exactement, un refus catégorique, lesté de remarques inutilement blessantes, quoique pas tout à fait imméritées. La référence à mes « scrupules petits-bourgeois » n'avait, selon moi, pas lieu d'être, mais au manque flagrant d'empathie, je ne pouvais malheureusement rien opposer. Je le ressentais d'autant plus vivement que Nâzım, terrassé, ne pouvait plus parer les coups. J'avais pourtant ri en écrivant ce texte, beaucoup, quoique surtout à ses dépens : à me répéter « Toi tu es la Chine / moi – l'armée de Mao Zedong », à imaginer les deux compères à Bolu claquemurés et tremblants à chaque paysan qui passe le fusil en bandoulière, le visage de Yahya Kemal quand il lit « trrrrum trrrrum trrrrum ! / trak tiki tak ! / Je veux devenir machine ! », la sidération de cet alcoolique de Nikolaï Ekk qui, fort d'une expérience en Sibérie, voit son ancien copain revenir en URSS de son plein gré, les simagrées des bénis oui-oui face à son *Ivan Ivanovitch*, les pleurs de Nâzım sur son chien, convaincu que là est tout le problème... Il n'en restait rien dans ce texte trop aride. Quant à la traduction des poèmes, elle demeurait insipide.

J'avais une peur panique qu'il me force à rembourser les frais engagés – une maigre avance que j'avais éventée à Moscou. Le voyage, l'oisiveté de l'écriture et la paternité m'avaient fait les poches. Heureusement, il n'en fit rien. Malgré la déception, je ne pouvais lui donner complètement tort. La pudeur demandait maintenant de s'abstenir de salir la mémoire de cet homme que j'avais appris à aimer. Les images d'Épinal que l'on agitait (Nâzım prend la pose en prison, Nâzım allongé sur son divan, Nâzım perce l'horizon de ses yeux bleus) n'en étaient pas moins usantes de facticité, affreusement téléphonées, mais elles me paraissaient préférables à cet homme fatigué, en pyjama, fuyant sa propre mort, que j'avais trop présomptueusement voulu esquisser. Un homme somme toute, ni plus ni moins, mais c'est précisément ce que l'on s'évertuera à escamoter, obnubilé que l'on est par le qu'en-dira-t-on. Je les regardais façonner ce Nâzım de pierre, de bronze, de plâtre et de papier, effigie pour toutes les bourses, intimidante statue en superlatifs qui toise les apprentis poètes et ceux qui peinent à vivre. Un grand homme. Un génie. Quant à moi, j'avais dilapidé mon temps et un peu de mon argent dans ce manuscrit qui n'en restait pas moins famélique. *Vie de Nâzım Hikmet Ran*: le seul exemplaire en ma possession cale aujourd'hui l'armoire de la cuisine. Quand je lus la réponse, j'entendis la voix du maître, échaudé: « Les écrivains ont plus souvent des ulcères que du succès. » Oh que tu as raison, Nâzım. Je ne pus cacher alors un sentiment de vertige, un gouffre de gâchis et d'échec, d'inutilité, qui s'ouvrait sous mes pieds. À ce moment précis, Éliane me mit dans les bras le petit être potelé qui se pendait à notre cou depuis des mois. Il sentait le lait et la couche pleine.

La dernière lettre me parvint à l'orée de l'hiver. Aux premières neiges, quand l'haleine s'embrume et que la nuit ne nous quitte plus. Enveloppe froissée, hérissée de tampons et de ratures qui trahissaient l'énervement de fonctionnaires sous-payés, l'impatience croisée des postes soviétique et française. Une feuille unique. Une écriture manuscrite devenue familière, vive, à l'encre bleue :

Cher ami,
Je vous remercie pour votre poème. Quant à moi, voici ma moisson de la matinée.
Amitiés,

Nâzım

Suivi d'un poème tapé à la machine :

Mon tour est proche
d'un coup, je sauterai dans le vide
et je ne saurai rien ni des chairs qui pourrissent
ni de ces vers qui nichent tout au creux de mes yeux

sans répit, je pense à la mort
c'est que mon tour est proche.

Moscou, 31 mai 1963

Münevver me confia un jour que le poème avait été écrit à Leipzig, en 1961.

Envoi

Le poème « Il était de pierre… » est cité dans la traduction de Münevver Andaç et Güzin Dino. Le télégramme du commandant İsmet, futur İsmet İnönü, Premier ministre de Mustafa Kemal puis son successeur à la présidence de la République, est rapporté par l'écrivain Ahmet Tanpınar dans son récit *Cinq villes*. L'extrait d'*Oncle Vania* est traduit par Denis Roche, celui d'*Ivan Ivanovitch a-t-il existé ?* par Nicole Maupoix, et ce depuis la version russe. La fantaisiste déclaration du troisième congrès de la langue turque est reproduite par le professeur de turc Jean Deny dans un rapport confidentiel au recteur de l'université de Paris. Quant à Elsa Triolet, elle a publié son *Maïakovski, poète russe* aux éditions Pierre Seghers en 1945.

À Paris, Münevver ne se contenta pas d'œuvrer pour son cousin poète. Elle restitua en français la prose du romancier Yaşar Kemal et convainquit par la suite les éditions Gallimard de publier le jeune Orhan Pamuk, dont elle fut la première traductrice. Elle n'en continua pas moins de côtoyer la pauvreté jusqu'à ses derniers jours. C'est à

Paris également que vécut leur fils Mehmet, qui s'éteignit en octobre 2018 après une vie consacrée à la peinture. En 1970, à dix-neuf ans, il avait scandalisé la Turquie en confiant aux deux journalistes du quotidien *Milliyet* venus le trouver à Varsovie la piètre estime dans laquelle il tenait son père.

Quelques libertés prises avec les faits : Nâzım ne rencontra pas les étudiants spartakistes à Ankara mais sur la route qui l'y mena depuis İnebolu. Il fut publié en français dès 1925, dans la revue *Clarté*, n'habita jamais à Kuzguncuk, quand bien même il y traîna ses guêtres à plus d'une occasion, et n'écrivit le poème « Mes funérailles » qu'en avril 1963. Selon ses biographes Saime Göksu et Edward Timms, il s'apprêtait à quitter Véra pour une chanteuse azérie.

Dès 1964, un éditeur défie la censure et imprime ses vers en Turquie. Par la suite, le fils de Piraye – Memet Fuat – sera le principal artisan de la publication de son œuvre. En 2009, la nationalité turque fut restituée à Nâzım. À Istanbul, aujourd'hui, ses poèmes sont partout.

Œuvres citées

P. 16
Nâzım Hikmet, « Autobiographie » (extrait), *Il neige dans la nuit et autres poèmes*, Gallimard, 1999. Reproduit avec l'aimable autorisation des éditions Gallimard et traduit par Nicolas Élias.

P. 20
Octave Mirbeau, *La Mort de Balzac*, Éditions du Lérot, 1989.

P. 25
Nâzım Hikmet, « Il était de pierre… », *Il neige dans la nuit et autres poèmes*, traduit par Münevver Andaç et Güzin Dino, Gallimard, 1999. Reproduit avec l'aimable autorisation des éditions Gallimard.

P. 26
Nâzım Hikmet, « Tu es le champ, moi – le tracteur » (extrait), traduit par Nicolas Élias.

P. 32
Nâzım Hikmet, « Vengeance » (extrait), traduit par Nicolas Élias.

P. 40
Ahmet Tanpınar, *Cinq villes*, traduit par Paul Dumont, René Giraud et Vedat Z. Örs, Publisud/UNESCO, 1995.

P. 53
Nâzım Hikmet, « Devenir Machine » (extrait), traduit par Nicolas Élias.

P. 56
Elsa Triolet, *Maïakovski, poète russe*, Pierre Seghers, 1945.

P. 56
Extrait du manifeste *Une gifle au goût public* que Vladimir Vladimirovitch Maïakovski cosigna avec David Bourliouk, Velimir Khlebnikov et Alexeï Kroutchenykh en décembre 1912. Le manifeste est publié en 1913 par l'éditeur G.L. Kouzmine

P. 61
Moustapha Djelaleddin, *Les Turcs anciens et modernes*, Imprimerie du « Courrier d'Orient », 1869.

P. 65
Déclaration du troisième congrès de la langue turque, édité par Emmanuel Szurek, *Turcica*, n° 42, 2010.

P. 67
Nâzım Hikmet, « Le géant aux yeux bleus, le p'tit bout de femme et les chèvrefeuilles », traduit par Nicolas Élias.

P. 75
Nâzım Hikmet, « Toi » (extrait), traduit par Nicolas Élias.

P. 81
Nâzım Hikmet, *Lettres à Taranta-Babu*, traduit par Timour Muhidine, Emmanuelle Collas, 2019. Extrait traduit par Nicolas Élias.

P. 81
Nâzım Hikmet, *La Geste de Cheikh Bedreddin, fils du juge de Simavne* (extrait), traduit par Nicolas Élias.

P. 94
Orhan Veli, « J'aime les belles femmes... », traduit par Nicolas Élias.

P. 104
Nâzım Hikmet, « Qui sait, peut-être ne nous aimerions-nous pas tant... », traduit par Nicolas Élias.

P. 105
Nâzım Hikmet, « Piraye... », traduit par Nicolas Élias.

P. 114
Louis Aragon, « Il n'y a pas d'amour heureux », *La Diane française*, 1944, repris en chanson par Georges Brassens.

P. 125
Orhan Veli, « Pour vous, mes frères humains... », traduit par Nicolas Élias.

P. 138
Nâzım Hikmet, « Lettre d'Istanbul » (extrait), traduit par Nicolas Élias.

P. 140
Nâzım Hikmet, « Lamentation pour Satan » (extrait), traduit par Nicolas Élias. Dans des traductions différentes chez plusieurs éditeurs.

P. 149
Nâzım Hikmet, « Memet », *Il neige dans la nuit et autres poèmes*, Gallimard, 1999. Reproduit avec l'aimable autorisation des éditions Gallimard et traduit par Nicolas Élias.

P. 156
Nâzım Hikmet, *Ivan Ivanovitch a-t-il existé ?* (extrait), traduit du russe par Nicole Maupoix, *Les Temps Modernes*, 1958.

P. 160
Anton Tchekhov, *Oncle Vania*, traduit par Denis Roche, Plon, 1922.

P. 162
Blaise Cendrars, « Le Panama ou les Aventures de mes sept oncles » (extrait), *Du Monde entier*, NRF, 1919.

P. 165
Nâzım Hikmet, « Ces derniers temps, je vis tout comme un haricot… », traduit par Nicolas Élias.

P. 167
Nâzım Hikmet, « Mes funérailles », traduit par Nicolas Élias.

P. 186
Nâzım Hikmet, « Mon tour arrive », *Il neige dans la nuit et autres poèmes*, Gallimard, 1999. Reproduit avec l'aimable autorisation des éditions Gallimard et traduit par Nicolas Élias.

Table des matières

Vous tenez entre vos mains une publication des Argonautes.

Nos livres sont édités et fabriqués avec un soin particulier, en étroite collaboration avec les meilleurs traducteurs et traductrices littéraires de chaque langue européenne.

Né de notre conviction que la lecture a un rôle à jouer dans la rencontre avec l'autre, le projet des Argonautes met en lumière toute la richesse et la diversité des paysages littéraires de notre continent.

Le village secret

de Susanna Harutyunyan

traduit de l'arménien par Nazik Melik Hacopian-Thierry
224 pages, février 2024

« La langue envoûtante de Susanna Harutyunyan emporte tout, admirablement rendue par la traduction de Nazik Melik Hacopian-Thierry. Les images que l'autrice déploie sont d'une beauté brute, archaïque. Empruntant aux légendes, elles épousent les personnages pour débusquer la part d'universel en chacun. »
Le Temps

« De la plume de son autrice surgit un récit âpre et brûlant aux accents de conte fantastique. Susanna Harutyunyan peut être considérée comme l'une des chefs de file de la littérature arménienne contemporaine. »
Nouvelles d'Arménie Magazine

« Susanna Harutyunyan a su créer un monde où s'affrontent le mythe et la poésie. »
France Arménie

Niché dans des montagnes, un village arménien vit à l'insu de toute la première moitié du XXe siècle. Ce lieu clandestin offre un refuge aux persécutés, à condition qu'ils se plient aux lois du charismatique Harout – le seul à fréquenter le monde extérieur.

Du Génocide arménien au régime soviétique, en passant par la Seconde Guerre mondiale, des rescapés arrivent au village. Parmi eux, Nakhchoun, une jeune femme enceinte et brisée par la violence, ébranle l'intransigeance de Harout.

Train de nuit pour Lisbonne

de Pascal Mercier

traduit de l'allemand (Suisse) par Nicole Casanova
512 pages, mai 2024

« Un très grand roman. Un roman venu d'un autre âge, celui des humanités, juste avant que l'ironie ou l'indifférence ne sape l'amour de la connaissance... »
Le Figaro

« *Train de nuit pour Lisbonne*, premier roman traduit du Suisse germanophone Pascal Mercier, professeur de philosophie à Berlin, est mieux qu'une magnifique et bouleversante histoire. Il interroge aussi la littérature : que disent ou taisent les écrits de notre vie, que traduisent-ils du vertige de l'amour, qu'expriment-ils des sentiments complexes qui poussent un homme à rechercher la poésie de chaque jour et, au bout du compte, à ne jamais totalement disparaître ? »
Télérama

« Précieux et envoûtant. »
La Quinzaine littéraire

Professeur de langues anciennes dans un lycée suisse, Raimund Gregorius mène une vie rythmée par la routine. Mais lorsqu'une rencontre fortuite avec une femme portugaise le conduit à la découverte d'un livre mystérieux, son existence se voit soudainement bouleversée.

Gregorius prend le train pour Lisbonne afin de rechercher l'insaisissable auteur, Amadeu de Prado, médecin renommé et opposant à la dictature de Salazar. Obsédé par l'idée de percer l'énigme de cet homme, Gregorius part à la rencontre de tous ceux que sa vie et ses actes ont pu marquer.

Portrait du poète en salaud
a été achevé d'imprimer en France
par Normandie Roto Impression S.A.S.
en décembre 2024
pour le compte de
Les Argonautes Éditeur,
Saint-Germain-en-Laye.

*Nous nous engageons pour la protection
de l'environnement et une
production française responsable.*

*Ce livre a été imprimé en France, sur un papier certifié issu de forêts
gérées durablement, chez un imprimeur labellisé Imprim'Vert,
marque créée en partenariat avec l'Agence de l'Eau, l'ADEME
(Agence de l'environnement et de la maîtrise de l'énergie)
et l'UNIC (Union nationale de l'imprimerie et de la communication).*

*ISBN : 978-2-494289-70-3
N° d'édition : 00014
N° d'impression : 2404958
Dépôt légal : février 2025*